Klaus Gasseleder

Abenberger Alphabet

Abenberger Alphabet

Eine literarische Heimatkunde

Klaus Gasseleder

Herausgegeben von der Stadt Abenberg
im Verlag des Landkreises Roth

Klaus Gasseleder
Abenberger Alphabet
Herausgegeben von der Stadt Abenberg in Verbindung mit dem
Förderkreis historische Burg Abenberg und dem Heimatverein Abenberg
im Verlag des Landkreises Roth
Abenberg 2014

Gestaltung: Jörg Amonat
Fotos: Klaus Gasseleder
Druck: Brandenburgische Universitätsdruckerei
und Verlagsgesellschaft Potsdam mbH

Gefördert durch:
Sparkasse Mittelfranken-Süd,
Raiffeisenbank Roth-Schwabach,
Fa. Hofmann Städtereinigung,
Förderkreis Burg Abenberg,
Heimatverein Abenberg,
Stadt Abenberg

ISBN 978-3-9815571-2-1

Inhalt

Zwei Vorworte

Turmschreiber ohne Turm

Als ich eingeladen wurde, Turmschreiber von Abenberg zu werden, dachte auch ich wie meine Vorgänger an *Lynkeus, den Türmer* aus Goethes *Faust II*. Mehr noch dachte ich an meine Lust seit Kindheitstagen, von erhöhter Warte aus ins Land zu sehen. Sie ließ mich, der ich keineswegs schwindelfrei bin, so manchen Turm erklettern und – teils mich auf Knien vorwärts bewegend und das Geländer der Aussichtsplattform immer mindestens in Brusthöhe – hinabblicken auf die kleine Welt dort unten oder aber nach Orientierungsmarken in der Weite suchen.

Doch, als es ernst wurde mit der Turmschreiberstelle, stellte sich heraus, dass die Titulation als Turmschreiber diesmal ein wenig einer Mogelpackung glich. Denn ich durfte im Turm zwar arbeiten, Leute empfangen, aber nur im Basement dieses Schottenturms aus dem späten 19. Jahrhundert, in dessen Höhen meine Vorgänger noch hausten, von Winden umweht, von Mauerseglern umsegelt.

Nun war da der →Brandschutz vor, der – wie so manche Versicherungen – den Menschen das Leben sicherer macht und dafür ihre Freiheit einschränkt, denn, das erfahren wir fast täglich, die beiden Werte Sicherheit und Freiheit befinden sich in steter Konkurrenz zueinander. Doch lassen wir den Ausdruck ›Mogelpackung‹: Wer sagt denn, dass ein Turmschreiber zugleich ein Türmer sein müsse? Und was den Kollegen Goethe betrifft: Wie viel Unheil hat er mit dem Vers des Türmers *»Zum Sehen geboren, zum Schauen bestellt«*, angerichtet, all die Deutschlehrer infiziert, die zwischen dem Sehen und dem Schauen prinzipielle Unterschiede behaupten und zusammenphilosophieren. Für mich sind es eher banale regionalsprachliche Differenzen zwischen einem nördlichen »Da sieh mal einer an!« und dem

Beckenbauerschen »Schau mer mal«.

Der Türmer Goethes preist vor allem die Schönheiten um ihn herum, und wenn ich – die Schlüssel für die höheren Etagen habe ich ja zumindest erhalten – hinaufsteige in den Turm, den ich schwerlich den meinigen nennen kann, und durch eines der wenigen zu öffnenden Fenster zwischen all den verschmutzten und mit Kabeln verhangenen Öffnungen hinaus blicke, bietet sich mir durchaus eine schöne Aussicht, wobei ich Schönheit hier vor allem als Abwesenheit von Hässlichem bestimme. Alles, was einem so oft Aussichten verdirbt, fehlt hier völlig: Keine großen Industriebetriebe dominieren das Bild, keine an die Hänge geklebten Einfamilienhausgebiete, selbst die Abenberger Siedlungen unter dem Kloster ducken sich harmlos im Tal. Keine monströsen Schornsteine gibt es, keine Funktürme – außer dem schlanken rot-weiß geringelten Fernsehturm am Heidenberg und dem winzigen am Galgenberg – überragen die Hügel, keine Windradkolonnen drehen sich auf Bergrücken, sondern man blickt nach allen Seiten auf sanfte Höhenzüge mit kleinen Dörfchen darauf, auf viel Wald, vornehmlich Nadelwald und so ziemlich einheitlich gefärbt, und auf weites Wiesenland davor. Nicht gerade ein *locus amoenus*, eine liebliche Ideallandschaft, für mich, doch durchaus angenehm ist der Anblick fürs Auge, das heißt auch für den Geist.

Am letzten Tag des Septembers bin ich angereist, die ersten Alleebäume in der Stadt, die ich nunmehr für vier Wochen zurücklassen sollte, leuchteten schon bunt im Sonnenlicht, doch während der gar nicht allzu langen Fahrt verdüsterte sich der Himmel. Wolken verschluckten die Sonne, Wind kam auf, kühl wurde es, es war, als begänne mit meiner Ankunft der Herbst. (Und als am nächsten Tag wiederum die Sonne wärmte, ich vom späten Vormittag bis zum späten Nachmittag im Freien sitzen konnte, da war im sanften, milden Wind doch schon etwas Herbstliches.) Ich schaute aus nach buntem Laub, aber die Wälder waren ja fast nur Kiefernwälder, nein über dem Haus, in dem ich Quartier bezog, gab es einen kleinen Laubwald, und dieser war noch überwiegend grün. Doch bald wurde es noch kühler und auch trüber, und jeder zweite der vielen mir unbekannten Menschen, die mich aufgrund von Zeitungsbildern identifizierten und mich freundlich grüßten, fragte mich, ob ich das schlechte Wetter mitgebracht hätte.

Meine Eindrücke habe ich in einem Alphabet niedergelegt. Zwei Vorbilder haben mich dazu inspiriert, zum einen der große einsame Wanderer und ewig unbekannte Autor Hans Jürgen von der Wense aus dem hessischen und niedersächsischen Mittelgebirge, bei dem die Herausgeber seiner vielen vormals ungedruckten Werke die Alphabetform wählten, und – näher liegend – ist diese Form eine Referenz an Jean Paul in seinem Jubeljahr 2013, denn der fränkische Dichter hat seine lebenslangen Notizen in hunderten von Schreibbüchern auch alphabetisch geordnet, und zwei seiner Jubelautoren, Bernhard Setzwein und Christian Thanhäuser, sind in ihrem Jean-Paul-Buch *Von Adam bis Zucker* ebenso verfahren. Dennoch hätte ich darauf verzichtet, hätte mein Gastgeberort etwa Zweibrücken geheißen oder Zwickau, und Sie, liebe Abenberger Leser, hätten dann erst das ganze Buch durchlesen müssen, bis Sie endlich da angelangt wären, worum es geht, aber Abenberg steht in meinem Alphabet ganz am Anfang, denn von Aachen, der Stadt Aalen, den Aalen und auch dem Aas möchte ich nichts berichten.

Für das Alphabet spricht keineswegs der Ordnungsgedanke, denn eine solche Ordnung nach Anfangsbuchstaben ist ja eine bloße Scheinordnung und lässt sich durch die Wahl des jeweiligen Artikelnamens leicht austricksen, nein dieses Verfahren öffnet allerlei Zufällen Tor und Tür, die Ansichten und Aussichten purzeln wild durcheinander, gerade da, wo sie äußerlich scheinbar geordnet sind, und nichts ist ja so schöpferisch wie der Zufall, dem wir alle unsere Existenz verdanken.

Nicht verwechseln sollte man das *Abenberger Alphabet* aber mit einem Abenberg-Lexikon, denn es ist weder vollständig, noch im strengen Sinne wissenschaftlich, sondern enthält überwiegend persönliche Erfahrungen und Gedanken eines Herumwandernden. Fußnoten fehlen ebenso wie genaue Fundstellen der Zitate, nicht jedoch die Namen der Informanten und Gedankenanstoßer, soweit ich ihrer habhaft werden konnte, denn vieles hat sich in unsere Köpfe eingenistet, dessen Herkunft nicht mehr erinnert werden kann. Gleichzeitig sei eine Warnung an alle Jungpolitiker ausgesprochen, die das hier von einem belletristischen Autor angesammelte Material für eventuelle Doktorarbeiten ohne eigenes Nachschlagen der Quellen verwenden wollen: Eine Richtigkeit aller Zitate bis hin zur genauen Schreibweise und Interpunktion wird nicht gewährleistet. Übernahmen werden also garantiert auffallen.

Am Ende dieser Einleitung fällt mir, den Anfang ergänzend und zugleich widersprechend, ein, dass die Türmer früherer Zeiten im städtischen Abenberg ja gar nicht auf dem Burgturm gelebt haben, sondern im Unteren Tor eine Wohnung hatten, zu der heute noch eine Treppe führt. Und sie waren zugleich Stadtmusikanten. Sie mussten bei verschiedenen Feierlichkeiten aus den Fenstern ihrer Wohnung heraus Lieder blasen, bei Taufen, Hochzeiten, Beerdigungen und an Neujahr, und hernach durften sie auch von Haus zu Haus gehen und Gaben erheischen. Insofern bestand doch eine Verwandtschaft zum Turmschreiber, von Künstler zu Künstler sozusagen.

Und vielerorts dienten Türme ja auch oft genug als Gefängnisse, im besonderen als Schuldgefängnisse. Sie wären also durchaus auch ein passender Aufenthaltsort gewesen für so manchen mittellosen Schreiber, aber so war es ja wirklich nicht gemeint, als die Institution des Turmschreibers ins Leben gerufen wurde, aber nix für ungut, gesagt werden, darf das schon mal.

Antwort auf einen Brief

Lieber Reinhard Knodt, Du hast als erster Turmschreiber all deinen Nachfolgern eine Art Vermächtnis – nennen wir es mal vorsichtig so – in offenen Briefen hinterlassen. Ich wollte es nicht völlig ignorieren, besonders im vierten deiner sieben Briefe lese ich einiges, das mir wichtig und nachdenkenswert erscheint, auch an den Stellen, wo Du nicht meine Sprache sprichst.

Deine Rede ist von den »Sphären«, von »Atmosphären« gar, die bestimmte Dinge und Orte umgeben und von ihnen aus sich ausbreiten. In etwa, so stelle ich mir es vor, mag das so etwas sein wie eine Aura, um Benjamins Sprache zu benutzen, eine unsichtbare Hülle, die die Dinge umschließt und dennoch denjenigen Betrachter, der in diese Einfluss-Sphäre (schon wieder der Begriff) gerät, beeinflusst. Diese nicht sichtbaren, nicht greifbaren Sphären können, so meinst Du, wirken oder auch ihre Wirkungen verlieren, sie können ihren Einfluss räumlich verbreiten, gerade so wie etwas Stoffliches, durch Transport etwa, durch Teilung oder Berührung (z.B. bei Reliquien). Von ihnen gehe ein Hauch aus, ihre Wirkung sei, so sagt man wohl in manchen Kreisen, sofern man sie nicht sehen, hören, riechen, messen kann, eben feinstofflich. Doch, lieber Reinhard, warum suchst du die Wirkung in den Gegenständen selbst, nicht in den Menschen, die sie betrachten, begrapschen, mit ihnen umgehen. Vom meist keineswegs unvoreingenommenen Betrachter geht ein Signal aus, und die erwartete Antwort kehrt scheinbar zu ihm zurück, d. h. die Wirkung bleibt im Grunde genommen im Gehirn des betrachtenden Menschen. Projektion könnte man es nennen. Psychologie und Materialismus kontra Spiritualität. Nichts Neues also. Belassen wir es dabei und versteigen wir uns nicht.

Aus Abenberg führst Du verschiedene Dinge, Einrichtungen usw. an, die eine solche Wirkung auf die Menschen, die in ihren Kreis geraten, entfalten können und für diejenigen, die Dein Buch nicht parat haben, zähle ich sie nach Deiner Liste auf: *»Das Haus der fränkischen Geschichte«* (die Damen im Haus fränkischer Geschichte werden sich dort aber freuen, sind sie doch höchst materiell vorhanden), *»Wolframs Worte; die Schaufeln mit dem fränkischen Sand; der Sand in dem Stilla-Herzchen; die Erwähnung Goethes, der am 13. Juni 1788 in Wassermungenau frühstückte und dafür 24 Kreuzer zahlte. (...) Ist das alles nicht am Ende eine ständige Legendenbildung um Reliquien mit dem Titel Abenberg und die Welt?«*, fragst Du. Ja, das ist es. Nicht mehr und nicht weniger. Und dann fragst Du weiter:

»Und ist das alles nicht auch bitter nötig? Denn: Da draußen vor der Stadt vor der Burg was ist denn da? Ist da nicht im Grunde einfach nur – nichts? Flaches Land in der Nacht, Äcker, Wiesen, ein paar Bauerndörfer und Straßen, die keinen Namen haben und ein totgefahrenes Reh? Wie

soll daraus etwas werden, das uns Heimat ist und Wärme und Licht und etwas, das gar Leute anlockt und ›Leben‹ in die Stadt bringt in einer Zeit, in der nur existiert, was im Guiness-Buch der Rekorde auftaucht.«

Widersprichst Du Dir da nicht selbst, indem Du die Welt einteilst in Dinge, die bedeutungslos sind und solche, die etwas bedeuten, denn was »Heimat« und »Wärme« und »Licht« für den Heimischen sind, kann bedeutungslos sein dem Fremden. Und wenn Du andererseits das einbringen möchtest, was den Fremden interessiert, landest Du dann nicht doch zwangsläufig bei dem Guinness-Buch, zumindest aber dem Kunstführer, dem Baedeker, und nicht bei den auratischen Gegenständen, die ja nicht identisch sind mit denen, die die Leute von auswärts anlocken, es zumindest nicht sein müssen?

Und umgekehrt: Warum sollen das flache Land, die Äcker und Wiesen niemandem etwas bedeuten, nicht geheimnisvoll aufgeladen sein, keine Aura haben, von keinen Sphären, oder wie Du es nennst, umgeben sein? (Ich lasse hier mal die Begriffe in ihrer Unbestimmtheit stehen: als poetische Metaphern, nichts weiter.) Sind nicht die Hopfengärten, Kartoffeläcker, Tabakfelder Teil einer Kulturlandschaft, in deren Schaffung und Ausgestaltung viel menschliche Mühe, Arbeit, auch Erfindungsgeist und jahrhundertelange Erfahrung eingegangen sind? Genügt das nicht, sie zu adeln, »Heimat zu schaffen und Wärme und Licht«? Auch der Hauch, den der Misthaufen verströmt und der in den Ort hinein strahlt, ist ein Hauch, der einem Heimischen etwas bedeuten kann, weil er seine Kindheit begleitet hat, den er vielleicht vermisst, wenn er in der Fremde ist. Verzeih mir, manchmal hilft nur ausgesprochene diogeneske Profanität gegen Philosophenworte und Spiritualität.

»Siehst Du!«, sagst Du mir, »das ist Deine Aufgabe. Du musst Verbindungen schaffen … etwas, das in den Ort hinein strahlt.« Wer bin ich denn? Ein Heiliger, gar ein Heilsbringer? Dafür bin ich wahrlich nicht geeignet. »Ansonsten bist Du fremd hier, eine Art komischer Heiliger, aber doch ein Heiliger eben. Mach Dir doch nichts vor«, sagst Du mir. Nein, das mache ich nicht.

Ich selbst möchte meinen Nachfolgern im Amt nichts mit auf den

Weg geben – das sollen sie sich selbst suchen – nur mir selbst stelle ich eine kleine Aufgabe, und vielleicht ist dieses ja gar nicht so weit von dem entfernt, was Du ansprichst: Es gilt, will man als Turmschreiber etwas von dem zurückgeben, was man spendiert bekommen hat, mit den Augen des Fremden und fremd Bleibenden einen ORT aufzufinden, zu erkunden und zu beschreiben, einen eigenständigen, unverwechselbaren, identitätsstiftenden Ort. Dieser hat seine eigene Sprache, seine Gerüche, seine Beziehungsgeflechte, seine Geschichte, seine Traditionen. Er besitzt Widerstandskraft gegen das Allgemeine, das überall vorkommende, das Globale. Aber er ist dennoch offen nach außen. Die Stadttore sind nur noch der Dekoration halber da, durch den Ort strömt Verkehr, es ziehen Leute zu und Leute weg und hindurch. Solche Orte kann ein Turmschreiber vielleicht in Abenberg finden, nicht erfinden und ausgestalten, allenfalls ein bisschen dazu beitragen, dass sie heimische Leser aufspüren, sich ihrer gewärtig werden, sie nicht übersehen, sie vergessen und leichtfertig abschaffen, in dem sie sich allzu sehr dem Weltenlauf unterordnen.

Ein konkretes Beispiel vermag es deutlicher zu machen als Sphärengeklingel: Ich komme auf meiner Fahrt nach Abenberg an den Bahnhof von Roth, der ein ganzes Stück außerhalb der Stadt gelegen ist, an. Noch bleiben mir fast dreißig Minuten bis zur Abfahrt des Busses nach Abenberg. Wenige Leute warten mit mir auf die Busse und die folgenden Züge, kein Bahnbediensteter tut hier Dienst und sieht von einem Bahnwärterhäuschen auf die Bahnsteige hinaus. Dennoch ertönen aus dem Lautsprecher fortwährend Durchsagen: »Achtung ein Zug fährt durch. Bitte von der Bahnsteigkante zurücktreten – Achtung, lassen sie ihr Gepäck nicht unbeaufsichtigt – Sie befinden sich auf einen Nichtraucherbahnhof.« Was man da hört, sind gestanzte Sätze einer ziemlich unnatürlich klingenden, auf jeden Fall nicht zu verortenden, Frauenstimme, die gemäß der Einstellung der Apparatur ihre Ansagen alle paar Minuten scheinbar wiederholt. Die gleiche Stimme, die gleichen Texte hört man hier an diesem kleinen Bahnhof wie an jedem anderen, sofern er nur eine Lautsprecheranlage besitzt.

Zu wem spricht die Stimme, zu welchem Anlass? Denn es fährt ja weder ein Zug durch noch stellt jemand sein Gepäck ab, und wenn, würde es niemand wahrnehmen. Es ist eine Geisterstimme, ohne lokale, ja ohne persönliche Färbung. Seit vielen Jahren hat die Deutsche Bahn ihre Bahnhöfe, die einst Aufenthaltsorte für Reisende waren, in Unorte, in Nicht-Orte verwandelt, denen jegliche Individualität abgeht. Niemand fühlt sich hier als Gast, auch wenn man per Lautsprecher als Fahrgast angesprochen wird. Zu diesen Unorten gehören längst die Fahrkartenautomaten, die der Anonymität des Geldes entsprechen, das ferngesteuerte Aus- und Einschalten der Lichter usw. – Was hat das nun mit des Turmschreibers Programm zu tun? Er mag notieren, wo solche Unorte (das Wort und die Unterscheidung stammt von dem Franzosen Marc Augé) in das Städtchen, die Dörfer, Einzug halten und vorschlagen: Lasst eine solche Welt des überall Gleichen sich nicht allzu breit machen, bewahrt gerade das, was den Ort ausmacht, die Stadt, die Straßen, die Menschen.

Wenn hier der Turmschreiber etwas dazu tun kann, wenn er das Unpersönliche und bloß Modische aufspürt und dies dann seinem manchmal boshaften Lachen aussetzt und andererseits manches Bewährte und auch Individuelle lobend erwähnt, kann er im glücklichen Fall etwas von dem zurückgegeben, das er hier erfahren hat.

Dies, lieber Reinhard, meine Antwort auf Deinen Brief. Du siehst, was dieser in mir in Gang gesetzt hat. Nichts für ungut. Dein Klaus.

Abenberger Alphabet

A

Abenberg

Abenberg ist zwar (laut *Bundschuhs Geographische(m) Lexikon Franken von 1799-1804* und *Google* von heute) einmalig, hat aber dennoch stets unter Verwechslungen zu leiden, zum einen mit dem nahen Ort Absberg hoch über dem Brombachsee und zum anderen mit dem an der Mündung der Abens in die Donau gelegenen Abensberg mit seinem die Besucher seit einigen Jahren anlockenden Hundertwasser-Turm. So etwas Schickes hat man in Abenberg freilich nicht aufzuweisen, nur ein paar alte, nach Tourismuskriterien eher unscheinbare, Häuser, zwei alte Kirchen, Stadtmauerreste und eine mächtige, aber aus Bauteilen verschiedener Zeiten zusammengestupfelte Burg, die Hauptattraktion für Fremde. Auf den ersten Blick zumindest.

Woher der Stadtname kommt, ist nicht gewiss. Notfalls, sagen sich Ortsnamenforscher wohl immer, und vielleicht mit Recht, wenn es keine eindeutige Erklärung gibt, komme er von einem alten Vornamen, nennen wir den Namensgeber halt mal ›Abo‹. Soll eine Abkürzung von Adalbert sein. Läge der Ort in Deutschlands Norden hätte ich als humoristischer Schriftsteller eine Gründungslegende konstruiert, bei dem einer dem anderen sagt ›Ab in Berg‹ aber fränkisch würde dies heißen, ›Los nein Berch nei‹. Klappt also nicht mit dieser Etymologie. Aber vielleicht folgen wir doch einer anderen Erklärung, die Bundschuhs zweihundert Jahre altes *Geographisches Lexikon* nahe legt, indem es sagt, dass das Städtchen auch mal Kleinamberg geheißen hatte, nicht zu verwechseln mit dem heutigen Weiler Kleinabenberg. Und ›am Berg‹ liegt es ja zweifelsohne. Und das viel größere Amberg in der Oberpfalz wäre dann auch noch eine weitere Stadt zum Verwechseln, vor allem wenn man Abenberg fränkisch schlampig als »Aamberch« mit fast verschlucktem ›ben‹ ausspricht.

Früher, um 1800 – aus jener Zeit liegt der oben genannte unvergleichliche Bundschuh vor – war Abenberg demnach ein eichstättisches »Munizipalstädtchen, 10 Stunden westnördlich von Eichstädt und 2 Stunden von Spalt, zwischen Roth und Windsbach gelegen« und besaß zugleich ein Pfleg- und Kastenamt. In dem gesamten dem Städtchen zugeordneten Amt wohnten zu jener Zeit etwa 1900 Seelen bzw. Untertanen des Fürstbischofs in 39 Ortschaften, wozu ein Munizipalstädtchen, Abenberg eben, außerdem 5 Pfarrdörfer, 1 Filialkirchdorf, 29 Weiler und drei Mühlen gehörten.

Was das Stundenmaß (10 Stunden nach Eichstätt) anbelangt, so ist dies – dem Fußgängertempo angemessen und zugleich angeglichen an die Meile – so um 3,5 bis 4 km, je nach Region, also etwa 40 Kilometer. »Welche Zeit war das?«, seufze ich als Wanderer, »als das Maß des Fußgängers noch galt«, denn heute würde man die Entfernung nach Spalt mit etwa zehn Minuten benennen. An eichstättischen Beamten gab es nach Bundschuh einen adeligen Pfleger (gewöhnlich war das der älteste Hofkavalier), dann einen sachkundigen Leiter des Kastenamtes, Kastner genannt, der zugleich Richter und Finanzverwalter war, sowie einen Gerichtsschreiber, der zugleich als Zöllner und Stadtschreiber agierte. Von einem Turmschreiber weit und breit keine Rede.

Heute ist Abenberg eine Gemeinde im Landkreis Roth, im Regierungsbezirk Mittelfranken, im Freistadt Bayern, der Bundesrepublik Deutschland, der Europäischen Union. Es hatte im Jahre 2008 genau 5515 Einwohner, das Gemeindegebiet umfasste 48,39 km^2, die Höhenlage beträgt nach wie vorher 439 Meter.

Was die Lage der Stadt betrifft, so verführt diese einen leicht zu einer Täuschung. Kommt man nämlich mit dem Motorfahrzeug von Schwabach, Windsbach oder auch von Roth, fährt man, fast ohne eine fühlbare Steigung zu bewältigen, durch eines der beiden Tore – wobei dem Fremden nicht sofort klar wird, was das Obere und was das Untere ist, denn sie scheinen fast gleich hoch gelegen – in die Altstadt mit dem langgestreckten Straßenmarkt ein, über dem die Burg thront. Das Gefühl sagt einem, die Stadt läge in einer oder nur wenig über einer Ebene. Nur Fußgänger und Radfahrer spüren die Steigung, die zu bewältigen ist, bis man im Städtchen anlangt. Von Süden kommend, in dem von Weihern durchzogenen Tal fahrend, aber hat man den ganz anderen Blick, den auf eine Bergstadt nämlich, die hoch über dem Tal liegt und sich an den Burghang anschmiegt. Ich habe volle zwei Tage Umhergehens gebraucht, bis mir der ganze Unterschied ins Bewusstsein gekommen ist.

Jetzt wissen alle Leser Bescheid und sind doch nicht viel klüger als wie zuvor. Sie können sich immer noch keinen Reim auf die kleine Stadt machen. Der Turmschreiber erledigt das für Sie mit dem, wir mir scheint, einzig möglichen Reim auf Abenberg: (für Fremde: Der Heidenberg liegt etwa sechs, sieben Kilometer nördlich von Abenberg und gilt als geheimnis- und sagenumwittert):

Selbst unter den Zwergen
Lassen Geschlechter sich
Nicht verbergen
So gibt es einen *Maidenzwerg*
Der (oder die) haust nur im Heidenberg
Und es gibt einen *Knabenzwerg*
Der lebt nur in Abenberg

Anschläge

Anschläge aus Papier finden sich an zwei oder drei kommuneseits extra in der Altstadt aufgestellten Tafeln für die Bekanntmachungen der Vereine und der Gemeinde, und weitere Anschläge (manchmal sogar im wörtlichen Sinne mit Nägeln angeschlagene, meist jedoch sind es eigentlich Anklebungen) zieren mehrere Scheunentore, Holztore, Bretterwände vor Geschäften. Oft prangen offizielle und private Bekanntmachungen nebeneinander und halb übereinander, was zuweilen durchaus kunstvolle Muster ergibt, denen zwar die morbide Eleganz großstädtischer Litfaßsäulen fehlt, jedoch dafür die Kreativität des Beliebigen anhaftet.

Meist hängen die privaten Anschläge, da die Fläche ja nicht gemietet ist, wochen- und monatelang, bis der Wind dazwischen fegt und Regen sie zerweicht, oder bis der Platz knapp wird und Neueres das Alte ersetzt, bis also ein Zettel abgerissen oder mit einem anderen überklebt wird. Was so entsteht, nennt man in der Kunstgeschichte *Palimpsest*, und so erkläre ich Anschlagtafeln wie die hier abgebildete zu Kunstwerken, die viele Schöpfer haben und in dauernder Veränderung begriffen sind.

Ansichten

Im Amtszimmer des Abenberger Bürgermeisters hängt ein Gemälde des Münchner Malers August Lohr (1842-1920) aus dem Jahre 1882, das sich im Besitz der Stadt befindet. Eine Kopie ist auf der Burg, Abbildungen sind auf dem Heft 1, 1981 der Schriftenreihe *Vom Abenberger Land* und sicher auch in weiteren Veröffentlichungen zu sehen. Eine repräsentative Stadtansicht also.

Auf dem Bild sehen wir die Burg sich über die Stadt erheben, reichlich überdimensioniert, besonders in der senkrechten Ausrichtung, womit vor allem Macht dokumentiert werden soll. Der nur wenige Jahre zuvor neu erbaute Luginsland ist bereits darauf abgebildet, die ebenso neuen Stillatürmchen und Otmarsturm auch, aber noch nicht der Schottenturm, der erst 1885 errichtet wurde. Besonders auffällig ist die mächtige hohe Brücke über den Burggraben, den man mittlerweile, wohl in den 60er Jahren des 20. Jahrhunderts, als eine größere gastronomische Einrichtung auf die Burg kam, zugeschüttet hat. Parkplätze scheinen im 19. Jahrhundert noch kein dringendes Bedürfnis gewesen zu sein.

Unter der Burg erkennen wir auf Lohrs Gemälde: die östliche Altstadt mit etwa einem Dutzend Häusern, dem Unteren Tor und dem Ostturm. Von einem Weiher, wohl dem Stollenweiher, im Vordergrund zieht sich stadtwärts eine Wiese den Hang empor, von der gerade Heu auf einen von Ochsen gezogenen Karren geladen wird. Der Weiher, auf dem ein paar weißen Seerosen blühen, ähnelt eher einem Tümpel, sein Wasser ist jedoch klar genug, dass sich in ihm Häuser und Burg spiegeln. Zwischen Weiher und Weg steht wie heute, doch leicht versetzt, eine Bildsäule. Auf dem Weg sehen wir zwei Reiter, rechts Anton, links Laura Schott, so heißt es in den Beschreibungen, mit Hunden an ihrer Seite. Ein seinen Hut lupfender Mann verbeugt sich ehrerbietig vor der Herrschaft und macht ihr Platz. Eine romantische, feudale Darstellung, so wie sich die neuen gerade erst mal ein Jahr oben wohnenden Burgbesitzer Schott, bei denen der Maler mehrmals zu Gast war, wohl gerne gesehen haben.

Versucht man heute, die selbe Ansicht mit dem fotografischen Apparat abzubilden, so stehen nur wenige neue Häuser direkt am Weiher dazwischen, ansonsten bleibt das Bild kaum verstellt, ein Beweis dafür, dass man hier nicht blind und geschäftstüchtig die alten Ansichten, Prospekte, wie man damals sagte, verbaut hat. Doch einem zu weit gehenden Vergleich von Wirklichkeit und Abbild steht die Einsicht entgegen, dass wir – die Größe der Burg auf Lohrs Bild zeigt es beispielhaft – historische Gemälde selten als realistische Quellen nutzen dürfen. Die Maler nehmen sich auch in Zeiten des Realismus die sogenannte künstlerische Freiheit, um aus ästhetischen, ideologischen oder wirtschaftlichen Gründen ihr Objekt zu verändern: Größenverhältnisse und Perspektiven stimmen oft nicht, Unerwünschtes, Hässliches – also das, was im wörtlichen Sinne nicht ins Bild passt – wird eliminiert, und heute ist es auch für den Amateurfotografen kein großes technisches Kunststück, ähnlich zu verfahren.

Was für die bildende Kunst gilt, gilt auch für die Schriftsteller, selbst für ältere historische Quellen, und wer sich des Öfteren mit heimatkundlichen Aufsätzen befasst hat, ist doch immer wieder aufs Neue erstaunt, wie leichtgläubig spätere Verfasser von Aufsätzen mit

Berichten umgegangen sind, die aus Zeiten stammen, in denen man andere Begriffe von historischer Wahrheit besaß als heute, in denen die Historien eine Form der unterhaltsamen Erzählung waren und keine Form der Beglaubigung von Fakten. Historie war eben keine Wissenschaft sondern eher ein Teilgebiet der Schönen Künste, der Dichtkunst, und dass Dichter lügen, behauptete ja bereits Plato.

Aussichten

Man verheißt dem Turmschreiber herrliche Aussichten vom Turm.

Doch Aussichtstürme, in Burgen meist Bergfriede genannt, dienten früher nicht der Erbauung, sondern der Überwachung der Umgebung. Der Türmer hatte Feinde ›anzublasen‹, so nannte man es wohl, und Feuer zu melden. Dies alles war aber zur Zeit, als man den Schottenturm errichtete, in den man dann mehr als ein Jahrhundert später die Abenberger Turmschreiber untergebracht hat, nicht mehr nötig. Da ging es dem Bauherren Schott lediglich um eine Vervollständigung des Gebäudeensembles, seines vorgefassten Bilds von einer mittelalterlichen Burg.

Um Aussichten zu genießen, stieg man in Zeiten, als man Burgen als Befestigungen nutzte, ohnehin nicht auf Türme – der Aussichtsturm ist erst eine Erfindung des 19. Jahrhunderts – und vor etwa dem 18. Jahrhundert auch nicht auf hohe Berge. Der erste, der vorzeitig von solch einem Unternehmen berichtet, hat es bitter bereut, denn er überschritt die Grenzen, die die Zeit ihm gesetzt hatte. Mit Datum vom 13. April 1335 schrieb nämlich der am päpstlichen Hof von Avignon lebende Kleriker und Dichter Francesco Petrarca einen Brief über eine angebliche Besteigung des knapp 2000 Meter hohen provenzalischen Berges Mont Ventoux.

»Den höchsten Berg dieser Gegend, den man nicht unverdientermaßen Ventosus, den Windigen nennt, habe ich am heutigen Tag bestiegen. Dabei trieb mich einzig die Begierde, die ungewöhnliche Höhe dieses Flecks durch Augenschein kennen zu lernen … Zuerst stand ich, durch einen ungewohnten Hauch der Luft und durch einen ganz freien Rundblick bewegt, einem Betäubten gleich.«

Nach einer Aufzählung dessen, welche Örtlichkeiten man von dort oben sehe, fährt er fort:

»Dieweil ich dieses ein ums andere bestaunte und jetzt Irdisches genoss, dann nach dem Beispiel des Leibes auch die Seele zum Höheren erhob, schien mir gut, in das Buch der Bekenntnisse des Augustin hineinzusehen … Ich rufe Gott zum Zeugen an … dass dort, wo ich die Augen zuerst hinheftete, geschrieben stand: ‚Und es gehen die Menschen, zu bestaunen die Gipfel der Berge und die ungeheuren Fluten des Meeres und die weit dahinfließenden Ströme und den Saum des Ozeans und die Kreisbahnen der Gestirne, und haben nicht acht ihrer selbst' … Ich war wie betäubt … und schloss das Buch im Zorne mit mir selbst darüber, dass ich jetzt Irdisches bewunderte. Hätte ich doch schon zuvor – selbst von den Philosophen der Heiden – lernen müssen, dass nichts bewundernswert ist außer der Seele: Neben ihrer Größe ist nichts groß. Da be-

schied ich mich, genug von dem Berge gesehen zu haben, und wandte das innere Auge auf mich selbst ...«.

Tempora mutantur, die Zeiten ändern sich. Seit dem 18., 19. Jahrhundert unternahmen oft abenteuerlustige jüngere Leute die gefährlichen Aufstiege auf Berge, ließen sich in ihren Berichten darüber aus und ebenso über den Zwiespalt zwischen den Gefühlen der ›Macht und Größe‹ dessen, der da oben steht, einerseits und den Gefühlen der ›Ohnmacht und Kleinheit‹ andererseits, ein Abbild der Stellung des Bergsteigers zwischen Himmel und Erde. Bei einigen bekam dieser erhöhte Blick religiösen Charakter. So lesen wir in Balthasar Spiess' *Beschreibung des Kreuzberges in der Rhön* von 1867: *»Und wenn wir auf die nahen und fernen unübersehbaren Reihen isolierter Bergkegel schauen, dann muss uns eine eigene Bangigkeit vor der Größe der Werke Gottes ergreifen.«*

Der Mensch auf dem Berge – und das lässt sich auf Türme übertragen – fühlt sich dem Himmel nahe und sieht zugleich die Dinge im Tal als winzig, er ist versucht, sich über das ›Gewürm‹ unter sich zu erheben, das ihm, dem Riesen, als ›Spielzeug‹ erscheint. Als man vielerorts Aussichtstürme errichtete, in der Zeit des wachsenden Tourismus und der Wanderbewegung um 1900, waren die Gefühle schon weniger erhabener geworden Dafür ist etwas anderes dazu gekommen, dass auch mir, dem durch und durch profanen Menschen, dem man oft ein bloß lexikalisches Denken vorhält, anhaftet: die Freude an der Orientierung, der Verortung, dem Auffinden der gesichteten Orte auf der Landkarte, die Benennung der ›Landmarken‹ in einer unbekannten Gegend. Davon kann ich mich nicht frei machen, wenn ich herabblicke von Bergen und Aussichtstürmen, vom Schottenturm oder vom Abenberger Burganger, und etwas weiter entfernt etwa von der Burg Wernfels, dem Dorf Massendorf und, den weitesten Blick im ganzen Kreis wohl genießend, von dem Schlossberg über Heideck.

Und fragt man, was ich nun vom Schottenturm oder vom Luginsland so erblicke, so antworte ich, dass ich mich im erhöhten Zentrum einer Gugelhupfform sehe. Ringsum breitet sich zunächst ebenes Land aus, Wiesen und Kiefernwälder in zweifarbigem Grün, an den erhöhten Ränder der Form aber liegen die Höhenzüge: der Abenberger Wald, die unbewaldeten Höhen Richtung Spalt mit dem Bergort Massendorf, die Berge um Theilenberg und Wernfels, dann nach einem Einschnitt der dicht bewaldete Heidenberg mit dem Fernsehturm. Von hier läuft das hügelige Land bis zum nahen Galgenberg, dem Leistenberg und lässt dazwischen eine flache, Richtung Roth auslaufenden Lücke, hinter der in der Ferne die der Jurakette vorgelagerten blauen Zeugenberge südlich von Neumarkt sich wölben.

Bislang habe ich immer von Fernsichten gesprochen, als gebe es keine Nahsichten von der Burg. Weniger vom Schottenturm als vom Burganger oder Burggärtchen hat man den Blick auf die Dachlandschaft der Abenberger Altstadt, es zeigen sich Formen, die man von unten so nicht wahrnimmt: die zwei Halbkreise der ehemaligen Soldaten- und Burghandwerkerhäuser längst der Höllgasse und Judengasse unter der Burg zum Beispiel. Es zeigen sich Dächer, deren Ziegel mit Moos überzogen sind, ohne dass man jemanden mit der chemischen Keule zur Hilfe gerufen hätte, dieses zu vertilgen. Man blickt in ein Gewirr aus Häusern, deren Giebel mal in die eine, mal in die andere Richtung gedreht sind, einem Gewirr aus verschachtelten Höfen mit Nebengebäuden, unterbrochen von Bäumen und Sträuchern bis hinunter zum Marktplatz. Und gleich dahinter auf den Kirchhügel mit der Jakobuskirche und die Fachwerkhäuserreihe längs der Kirchleite.

Eine ›lebendige Altstadt‹ ist es also, die sich einem darbietet, ein Ausdruck, wie wir ihn in so manchen Tourismusprospekten finden. Doch ich meine damit nicht, dass dort viele Menschen flanieren, was wohl nur bei besonderen →Events vorkommt. Leben heißt, das haben wir fast vergessen, auch das Leben der Moose auf den Dächern, der Pflanzen, Bäume, Sträucher, die zwischen den Häusern und in den Hausgärten angepflanzt sind. Es ist eine Form von Leben, das ich auch zu Zeiten schätze, in denen ich nicht die Gesellschaft anderer Menschen suche.

B

Bedienstete

Beamte, Steuern und Abgaben

Als man in verschiedenen Orten des Landes, vor etwa einem halben Jahrhundert etwa geschah dies, die Turmschreiber und Stadtschreiber einführte, da entsann man sich der alten Stadtschreiber, wenngleich Jahrhunderte zuvor diese natürlich keine Literaten, sondern wirkliche Schreiber, Schreibkundige und als solche städtische Verwaltungsbeamte waren.

Auch Abenberg hatte mal einen Stadtschreiber, der zugleich Gerichtsschreiber war, und in einer Pflegamtsrechnung von 1664, als man die Stadt nach den großen Zerstörungen des 30-jährigen Krieges gerade wieder aufgebaut und besiedelt hatte, erwähnt wird. Er erhielt einen Lohn von 25 Gulden, ein Zehntel des Lohns, den der höchste Beamte, der Pfleger, hatte, aber deutlich mehr als die Büttel und der Torwart (der bedeutent weniger verdiente als heutige Torhüter in verschiedenen Sportarten). Einen besonderen Lohn, wenn es denn einer war, gab es übrigens im Jahre 1726 für einen Amtsknecht, der das Narrenstübchen und den Stock, beides Gefängnisse in der Nähe des oberen Tors, zu betreuen hatte. Er durfte oder musste die Tochter der Witwe seines Amtsvorgängers heiraten und der Mutter 10 Gulden von seinen 51 Gulden Lohn zukommen lassen. Weitere öffentliche Ämter waren der Türmer, zugleich Stadtmusikant, der Nachtwächter, der Stadtknecht, der Flurer, ein Weiherknecht, ein Fleischbeschauer, dazu Viertelmeister, die zu den Gemeindeversammlungen einzuladen hatten, Siebner für das Setzen der Grenzsteine, ein Kuh- und ein Schweinehirt, die Hebamme, der Bader und der Lehrer, der zugleich Mesner war und sein Geld von der Kirche bekam.

Wovon aber wurden die städtischen und bischöflichen Bediensteten bezahlt? wird sich einer fragen. Aus den Einnahmen des bischöflichen Pflegamtes, das heißt, ähnlich wie heute, aus den Steuern, die auf den Einwohnern lasteten. Doch wer sich heute über die verschiedenen Steuerarten beschwert, sollte sich einmal die Liste der Steuern im Eichstättischen Bistum vor ein paar hundert Jahren anschauen. Es war nicht damit getan, dem bischöflichen Pflegamt Abgaben zu zahlen, sondern es waren noch allerlei Zinsabgaben zu leisten: der große Zehnt (meist in Form großer Tiere) für die Kirche, also dem Domkapitel in Eichstätt, der kleine Zehnt für die örtliche Geistlichkeit, der Herrenzins für den Landesherren, sprich den Bischof, die Schatzsteuer, mit der der Landesherr gegebenenfalls ein feindliches Heer bestach, damit der Ort verschont werde, und das stadteigene Umgeld (Umsatzsteuer für Getränke). Dazu gab es Naturalabgaben: die Gült für den Grundherren, also wiederum für den Bischof, als da waren: Korn, Hafer, die Fastnachtshennen und Herbsthühner, Martinigänse, Käselaibe, Eier, Ostereier, Holz. Alles das mussten die Bürger im Zehnthaus unterhalb der Burg abliefern, von wo die Abgaben zugunsten des Bischofs weiter verkauft wurde. Auch gab es einen Leibzins als Schutzgebühr für die Unantastbarkeit des Leibes und die Weisat, eine Gebühr für die Aufnahme in die Gemeinde, und schließlich besaß der Bischof noch das Hauptrecht, er durfte sich beim Tod eines Bauern das beste Stück Vieh aus dem Stall holen lassen.

Bekanntheit

Fremdheit. Grüßen auf dem Lande.

Wenn der Turmschreiber durch die Straßen Abenbergs geht, wird er fast immer von einem Mann oder einer Frau gegrüßt, die er selbst nicht kennt. Die Frau im Krämerladen sagt: »Ja, sie sind wohl der, den ich jeden Tag an meine Ladentür hänge«, die Wirtin beim Kaiser erklärt ihren Stammgästen: »Wisst ihr denn, wer da bei euch am Tisch sitzt?« Der Rockerbäck bittet um einen Gästebucheintrag, beim Seefried scheint man auch Bescheid zu wissen, wenn ich mir Wurst für das Frühstück kaufe, und selbst der sprachlich wenig gewandte neu in ein altes Haus gleich unterhalb der Burg eingezogene junge Mann, gewiss kein Literaturnutzer, fragt mich, ob ich ›derjenige welcher‹ sei, und selbst noch in Erlangen fragte mich nach meiner Rückkehr ein Unbekannter, wie es denn am Turm gewesen sei, nachdem ein Artikel mit meinem freilich nicht ganz unauffälligen Konterfei in den *Erlanger Nachrichten* erschienen war.

Eine fast vergessene Erfahrung war dieses Erkanntwerden für mich, wie ich es allenfalls vor zwei Jahrzehnten in meiner Heimatstadt ähnlich erlebt habe, als ich Woche für Woche eine mit meinem Porträt versehene Mundartglosse für die Tageszeitung verfasst hatte. So etwas nennt man wohl asymmetrische Beziehungen. Man wird erkannt und kennt umgekehrt die Leute nicht, aber Bürgermeister Bäuerlein, dem ich davon erzählte, sagte mir fast tröstend, ihm sei es auch lange so gegangen und gehe ihm noch manches mal so, und so geht es wohl allen, die ständig oder auch nur kurz in die Medien gelangen oder vor einem Publikum etwas darbieten oder deren Porträt im Schaufenster eines Kaufladens hängt.

Ja, freuen tut's einen schon, und so oft, dass es einem lästig werden könnte, geschieht ein solches Erkanntwerden auch nicht. Manchmal aber überlege ich mir, wie es vielleicht dem Grass (mal stellvertretend für die berühmten und äußerlich nicht leicht zu verwechselnden Dichter) oder gar einer Fernsehberühmtheit gehen mag, wenn sie auf der Straße dahingehen oder im ICE sitzen und angestarrt oder angesprochen werden. – Und dann stelle ich mir vor, wie diese sich vielleicht ärgern, wenn man sie ›nicht‹ erkennt und denke mir, dass sie ihren Ruhm vielleicht vor allem auch deshalb errungen haben, weil sie stets gezielt die Publicity gesucht haben, statt von ihr, wie der Abenberger Turmschreiber des Jahres 2013, ein Leben lang stets davon gelaufen zu sein.

Auch, wenn der Turmschreiber also ein Bekannter ist, in dem Sinne, dass man ihn identifizieren kann, ist er zwangsläufig ein Fremder in der Fremde. Es gibt Orte, von denen man sagt, dass der Zugereiste zehn Jahre oder auch eine oder gar drei Generationen (so habe ich es in Bremen erfahren) an einem Ort wohnen müsse, um als ein Heimischer zu gelten. Für Abenberg trifft das (womöglich?) nicht zu. Man hat protestantische →Exulanten aufgenommen, wenngleich wegen der falschen, d. h. hier katholischen Religionszugehörigkeit sicher nicht so viele wie einige Nachbarorte, dafür jedoch fast zwanzig katholische österreichische Familien Ende des 17. Jahrhunderts, und man hat nach dem zweiten Weltkrieg eine große Zahl (326, lese ich im *Bayerischen Städtebuch*) von sogenannten Flüchtlingen aufgenommen. Sie alle sind Abenberger geworden. Und man betont es im Fremdenverkehrsprospekt extra, dass alle in Abenberg »schnell ein neues, weltoffenes Zuhause« gefunden hätten. Immerhin zeigt so ein Satz, auch wenn er im Einzelfalle nicht stimmen sollte, wovon ich aber nichts vernommen habe, dass man die Aufnahme von Auswärtigen als einen Wert betrachtet, mit dem man bei den ›Fremden‹, wie man noch im letzten Jahrhundert die Touristen zu nennen pflegte, einen guten Eindruck machen möchte.

Bloß: Kennen lernen kann man sich nicht in einem Monat Turmschreiberei und auch nicht in zwei oder drei. Die Abenberger mich nicht, und hätten sie all meine Bücher gelesen und mich im Turm besucht, und ich sie nicht, wenn ich durch die Straßen nur gehe und mich frage, was hinter den Rollläden der neuen, hinter den Fensterläden der alten Häuser, was in den Familien gesprochen wird oder in den Vorstandssitzungen und Mitgliederversammlungen der Vereine. Am ehesten könnte man noch den Gasthausgesprächen lauschen, wenn man ein Wirtshausgeher ist, aber sind das die Abenberger, die dort herumsitzen? Immer entdeckt man zwar das eine oder andere, das an das erinnert, was man mal in soziologischen Büchern oder Kleinstadt-Romanen gelesen hat und einfach auf das Hier überträgt, und man fragt sich: Ist man überall hier wie überall dort? Manchmal habe ich dies einfach vorausgesetzt und meine Vorgänger auch, und warum sollten die Menschen hier auch etwas besonderes sein?

Und weil es so schön passt, soll auch ein kleines Erlebnis nicht verschwiegen werden, bei dem sich die Frage erhebt, ob man den Turmschreiber im besonderen grüßt oder ob hier wirklich jeder jeden grüßt. In Abenberg und in den kleinen Dörfern ringsum. Dieses einschneidende und zugleich ein wenig beschämendes Erlebnis hatte ich in Dürrenmungenau. Auf der Angerstraße (dort gibt es noch richtige Straßennamen!) ging ich für mich dahin, um einen schönen fotogenen Ausblick auf das Schloss samt davor liegenden Park zu erhaschen, als in einem Garten eines anliegenden Hauses ein Bub von vielleicht drei Jahren »Grüß Gott« herüber rief, und die Oma daneben ebenso, und ich vernehmlich zurück grüßte. Ein paar Minuten später, auf dem Rückweg, weiterhin nach Fotomotiven spähend, hörte ich hinter mir wieder den Kleinen rufen, diesmal »Hallo«, ohne dass ich mich ein zweites Mal nach ihm umdrehte und zurückrief. Noch ein paar weitere Meter war ich gegangen, als ich eine, diesmal jüngere, Frauenstimme, deren Urheberin ich nur im Augenwinkel von hinten in nicht unbedingt vorteilhafter Bückhaltung wahrgenommen hatte, hörte, wie sie dem Bub erklärte, es gebe eben auch ältere Menschen, die nicht wüssten, was sich gehöre. Daran erkenne man übrigens auch die Städter, dass die nicht grüßen. Da hatte ich es.

Besuche

Kann man Dichter besuchen? So heißt ein Aufsatz von Albrecht Fabri aus dem Jahre 1954. Der Titel mag Verwunderung auslösen. Natürlich, den Turmschreiber in Abenberg zum Beispiel, der sogar eigens hierfür Sprechzeiten eingerichtet hatte kann man aufsuchen. Wieso denn nicht? fragt auch Fabri selbst. Doch, so schreibt er weiter, nach dem möglichen Besuch eines Dichters:

»*War der Mann, dem Sie gegenübergesessen haben, tatsächlich der Dichter? Entsprach er der Vorstellung, die Sie sich von ihm gemacht hatten? Oder gab es eine Diskrepanz zwischen dem, was Sie vorfanden, und dem, den vorzufinden Sie erwarten durften; kurz, war ihr Besuch vielleicht auf die eine oder andere Weise eine Enttäuschung?*«

Und er fährt fort, dass dies notwendigerweise so sei, wenn man einen Autor besuche, der einem bislang nur als Autor, d. h. durch seine Bücher bekannt gewesen, der ein Produkt der eigenen Imagination des Besuchers und nicht deckungsgleich mit dem Autor sei. Dieser sitzt vielleicht, spinnt man Fabris Aussagen fort, in seiner Kammer auf Burg Abenberg schüchtern und vertrottelt da, während die Figuren seiner Bücher, an deren Sprache er wochen-, monatelang gefeilt hat, eloquent sind. Und während Sie seinen Helden zugehört haben, hat sich ein Bild vom Autor in ihnen geformt, dem der arme Kerl, dem Sie dann gegenübersitzen, nicht entsprechen kann. (Zuweilen nur kommt es vor, wenn ich einem Autor begegne, dass er spricht, wie er schreibt – oder schreibt, wie er spricht, doch solche Menschen sind selten geworden).

Doch wer ist nun der wahre Autor? Der, der seine Unterschrift unter alle möglichen Verträge und Steuererklärungen leistet, eine Turmwohnung bewohnt, oder der, der in sein Werk hinein gekrochen ist, oder der, der auf dem Titelblatt des Buches steht? Brechen wir hier ab und halten fest: Es ist ein Unterschied, ob man den Autor zuerst als Verfasser kennenlernen oder als lebenden Menschen, und selbst der Verfasser ist nicht immer die selbe Person, sondern von Buch zu Buch ein anderer, es sei denn ein geschäftstüchtiger Verleger drückt ihn einen Stempel auf, ein Markenzeichen, und verpflichtet ihn zum Verfassen der immer gleichen Markenartikel, gleich einem maschinell hergestellten Fertigprodukt wie etwa Hengleins Kloßteig, der auch immer gleich schmecken soll, um den Kundenerwartungen zu genügen.

Und ob der Autor, der ihnen gegenüber sitzt, bei jedem Besuch der gleiche ist? Ob er im Turm der gleiche Mensch ist wie in seiner Wohnung zu Hause? Aber das ist wieder ein anderes Thema, dessen Behandlung wirklich zu weit führen würde.

Brandschutz- und andere Vorschriften

Brandschutzvorschriften vor allem sollen es gewesen sein, die das Residieren und das Nächtigen des Turmschreibers in einem richtigen Turm unmöglich machten, so wie es seinen Vorgängern noch vergönnt war. Derartige Bestimmungen verhindern auch so manch andere schöne und nützliche Dinge in unserem Land, etwa Kulturveranstaltungen in romantischen Gemäuern, auf leer stehenden Dachböden, und sie kosten manchem Veranstalter viel Geld, das er anderswo (etwa für Künstlerhonorare, für Lesungen) nützlicher verwenden könnte, und spülen statt dessen so manchen Bau- und Installationsfirmen das Geld in die Kassen.

Doch Brandschutzvorschriften sind keineswegs neu, sondern heute nur kostspieliger und einträgiger für die Hersteller der Schutzvorrichtungen als früher. So war über Jahrhunderte hinweg in der Abenberger Stadtordnung, der sogenannten *Ehehaftordnung*, festgelegt, dass ein Feuerbeschauer alle halbe Jahr die Öfen, Herde und den Aufbewahrungsort für Holz in den Häusern kontrollieren musste und darauf zu achten hatte, dass in jedem Haus in der Küche ein Schaff Wasser bereit gestellt war. Ebenso sollte er nachprüfen, dass nicht im Haus selbst, sondern nur in einem eigenen Häuschen der Flachs gedarrt wurde. Wer mit einer Strohfackel in den Stall oder die Scheune ging, wurde bestraft. In der Stadt selbst durfte kein Haus oder Stadel mit Stroh gedeckt sein.

So erscheinen manche Einschränkungen persönlicher Freiheiten im Blick auf die Geschichte in einem etwas milderen Licht. Wie bei der Frage der Steuern (→Bedienstete) werfen wir einen Blick in die Vorschriften in Eichstättischer Zeit, die den Bürgern Abenbergs noch gemacht wurden. Bereits die Präambel der Ehehaftordnung in der Fassung von 1654, in der angepassten Schreibweise von Oberlehrer Haag, wirkt für heutige liberal gesinnte Menschen eher erschreckend, denn die Abenberger sollten

»der katholischen, allein selig machenden Religion zugetan sein und beständig dabei verbleiben, sondern auch sich sonsten eines ehrbaren

Wandels und gottesfürchtigen Lebens befleißigen, wie nicht weniger ihre Kinder in gute Zucht halten und dieselben fleißiger als bisher zur Schul- und Kinderlehr gehen zu lassen …«

Festgelegt wurden u. a. ein Ausgehverbot innerhalb der Stadt nach zehn Uhr abends, im Winter sogar ab neun Uhr, Ausschankverbot in den Wirtshäusern während dieser Zeit, das mit Strafandrohung (Prangerstehen) erlassene Verbot des unchristlichen Fluchens und die Einschränkungen bei der Beherbergung von Fremden. Verordnet wurde das Abdecken von Brunnen, das Verzäunen der Höfe. Verboten war das Böllerschießen bei →Hochzeiten und Taufen und das Gehen über einen fremden Acker. Dieses Verbot scheint auch heute noch nicht nur formal, sondern auch dem Geiste nach zu bestehen, denn als ich wegen der Bauarbeiten in der Spalter Straße beim Versuch des Umgehens derselben auf ein weiträumiges asphaltiertes Gewerbegelände geriet, wurde ich von einem Staplerfahrer, der den Turmschreiber wohl nicht kannte, aufgespürt, verfolgt und ernsthaft gerügt.

Besonders schlimm waren die Bestimmungen gegen Ehebrecher und Ehebrecherinnen. Wenn ein verheirateter Mann das erste Mal erwischt wurde, musste er sich mit einer brennenden schwarzen Kerze vor das Kirchentor stellen, beim zweiten Male gab es Landesverweis und das Aushauen mit Ruten, beim dritte Male folgte der Tod durch das Schwert. Für die Frauen galt das Gleiche, nur entfiel die Todesstrafe. Bestimmungen gab es auch über das Gewicht der Semmeln und den Brotpreis, und wer in der Kirche, die zu besuchen Pflicht war, Unfug machte, wurde vom Stadtknecht mit dem Stecken auf den Rücken geschlagen. Dazu gab es Dienstpflichten bei der Bürgerwehr, das Verbot von Feiern von Familienfesten außerhalb von Gasthäusern, Zuzugsbeschränkungen, Beschränkungen bei Aufnahme eines Geschäftsbetriebs usw.

Kurzum: Die Menschen lebten eingebunden in einer Ordnung, die eine gewisse garantierte persönliche Sicherheit mit einer großen persönlichen Unfreiheit verband. Das alte Thema: die Gegenläufigkeit von Freiheit und Sicherheit, und manch einer von uns Heutigen strebt an, mehr Freiheiten zu genießen, ohne des Schutzes entbehren zu wollen. Aber das klappt meistens nicht. Da müsste sich schon etwas gänzlich Neues entwickeln. Aber das ist ein »weites Feld«, wie der alte Briest am Ende von Theodor Fontanes Roman *Effi Briest* sagte, und weite Felder gab es zwar in Fontanes brandenburgischer Heimat, jedoch, zumindest, wenn wir von der metaphorischen in die reale Ebene wechseln, bekanntlich nicht in Abenberg und auch in ganz Franken mit seinem der Erbteilung geschuldeten Fleckerlteppich auf den Fluren nicht.

Brombachsee

Den Brombachsee gibt es in kleiner und in großer Ausführung, durch einen Deich voneinander getrennt. Beide Seen sind künstliche Gewässer und sind von Abenberg aus mit dem Linienbus zu erreichen, besonders an den Wochenenden, wo die Busse sogar mit Fahrradanhängern verkehren. Angelegt wurden diese Seen wie die anderen mit ihnen verbundenen Seen des sogenannten *Fränkischen Seenlandes* sowohl für touristische Zwecke, jedoch in erster Linie aus, wie es heißt, »wasserwirtschaftlichen Gründen«. Was dies unter anderem bedeutet, habe ich vor fast drei Jahrzehnten erfahren, als ich ein Buch über den Widerstand gegen das Kernkraftwerk Grafenrheinfeld zusammengestellt habe. Da kann man in dem dort zitierten Abschlussberichts des Raumordnungsverfahrens (22.12.73) lesen: *»Vor der Errichtung eines 2. Kraftwerkblockes müssen die Güteverhältnisse des Mains erheblich verbessert werden und der zusätzliche Wasserentzug durch Überleitung des Wasser aus dem Donau- in das Maingebiet ausgeglichen werden.«* Und wie kommt das Wasser kontrolliert aus dem Donaugebiet (sprich Altmühl) in das Maingebiet (sprich Rezat)? Sicher nicht über den Kanal, den Karl der Große mal zu bauen versucht hat, sondern durch die Kette der Seelandseen.

Dennoch haben sich die Landschaftsplaner und Wasserwirtschaftler einiges einfallen lassen, um eine natürlich erscheinende Freizeitlandschaft zu bauen, ja vielleicht sogar die Natur an Erfindungsreichtum zu übertreffen, deren Wirken ja bekanntlich nicht immer nach Menschenmaß und Menschengeschmack vor sich geht. Der Brombachsee und auch der Rothsee sind recht hübsch – ich wähle extra diesen verniedlichenden Ausdruck – in die Hügellandschaft eingepasst, bei Enderndorf sieht die Gegend sogar ein wenig voralpin aus, wenn man auf mit Kühen bestückte Hänge blickt. Auch ist der Tourismus überall sanft genug, um diese künstliche Idylle nicht zu gefährden, manchen mag er sogar zu sanft sein. Lediglich der riesige Trimaran *MS Brombachsee*, der seit einigen Jahren das Gewässer kreuzt, passt nicht so recht in das liebliche Bild, sprengt die Dimensionen.

So bin auch ich während meiner Turmschreiberzeit zweimal hinüber zum See gefahren, bin, genauer gesagt, von Spalt aus über die Berge zum Brombachsee zu Fuß gegangen und das an zwei besonders sonnigen Herbsttagen zum etwas wehmütigen Verabschieden des Herbstes, was ich sonst in den fränkischen Weinbergen zu tun pflege. Ein Weinbergspaziergangs-Ersatz im Spalter Bierland sozusagen.

Es bleibt aber eine Frage oder ein ganzer Komplex von Fragen: Wenn man weiß, dass hier ein künstlicher See vor einem liegt, sieht man ihn dann anders, als wenn man glaubt, einen natürlichen vor sich zu haben? Tut das dem Landschaftserlebnis einen Abbruch? – Es kommt wohl auf den Betrachter an. Da gibt es, wie anderswo auch, zum einen die Ideologen, denen das Wissen um alle Künstlichkeit den unmittelbaren Eindruck verderben kann, und es gibt die Pragmatiker, die gelernt haben, unangenehme gedankliche Beilagen zu verdrängen und sich einfach an der Sache zu erfreuen – und daneben auch manchmal die Technikliebhaber, die vor allem die Bauleistung bewundern.

Es ist vielleicht wie bei der Betrachtung eines Gemäldes. Hängt an der Wand des Museums ein Bild, das mir gefällt, so frage ich mich nicht gleich, ob es ein Original oder eine perfekte Kopie ist. Dies mag für einen Händler eine Rolle spielen, nicht für mich. Für ihn und auch den ihm ansonsten wenig wohl gesonnenen Ideologen, für den Wahrheitssuchenden, vor allem für den Aura- und Reliquiensucher, ist die Echtheit das Entscheidende, nicht der Eindruck, den das Werk macht. (Oder wirkt die Kraft der Reliquie auch, wenn ich weiß, dass es außer dem verehrten Mittelfußknochen des Heiligen noch 17 weitere auf der Welt gibt?)

Und wem das noch nicht genug an alltagsphilosophischen Betrachtungen ist, bleiben bei der Betrachtung der künstlich angelegten Seen noch die am weitest gehenden Fragen: Ist Naturgegebenes grundsätzlich schöner als etwas künstlich Geschaffenes? Und gibt es überhaupt Natürliches im mittleren Europa?

Bücherflohmarkt

Vollgeparkt sind die Ränder der Straße, die hinab zur Sportanlage der DJK Abenberg führt. Fußball am Samstagnachmittag? Da würden bestimmt weniger Besucher kommen, es sei denn der →Glubb erschiene zu einem Freundschaftsspiel, was ich jedoch zu diesem Zeitpunkt ausschließen kann. Die Klänge einer Blaskapelle sind zu hören. Kärwa? Nein, sie spielen zu Ehren eines älteren Paares, das ein wenig steif nebeneinander auf der obersten Stufe der Treppe zum

Vereinsheim steht. Ein paar Menschen umrahmen das Paar. Was auch immer, ob goldene, silberne, oder nur einfache (graue) Hochzeit, die vielen Autos passen nicht zu der kleinen Gesellschaft.

Das attraktive Ereignis findet weiter hinten in der Sporthalle statt. Dahin und von daher strömen die Leute. Wenn ich ehrlich bin, auch ich bin eigens wegen des Events gekommen, dem mit vielen Plakaten auffällig angekündigten »größten nordbayerischen Bücherflohmarkt« der Aktion *www.buch-rettet-leben*. Auch ein *Verein Kinderschicksale Mittelfranken e. V.* scheint mit beteiligt zu sein als Empfänger des Ertrags und, der Werbung und dem Logo entsprechend, wohl auch eine Drogeriekette, die in ihren Filialen Buchsammelstellen eingerichtet hatte.

Die Halle ist wohl groß genug für ein Handballfeld. In mehreren Reihen sind Tische aufgestellt, auf diesen stehen in kurzen Abständen jeweils Kartons mit Büchern. Ich zähle kurz Kartons, Tische, die durchschnittliche Zahl der Bücher in einem Karton, multipliziere alles miteinander: Da kommen schon, wenn ich mich nicht verrechnet habe, 20000–30000 Bücher zusammen, die hier für jeweils einen Euro angeboten werden. Und es sind ständig etwa hundert Menschen in der Halle, dabei ist es ein stetes Kommen und Gehen, und fast jeder, der geht, trägt eine, mancher auch zwei Tüten, mehr oder weniger mit Büchern gefüllt, hinaus.

Das Angebot ist so, wie ich es eigentlich erwarte hatte. Nur wenige Bücher von Autoren von literarischem Rang haben sich hierher verirrt: moderne ›Klassiker‹ wie Heinrich Böll, Siegfried Lenz, sogar Helmut Krausser oder Juli Zeh, aber das sind Einzelstücke. Ansonsten überwiegen Romane, über die man in den Rezensionen der Feuilletons nie etwas liest. Sie stammen größtenteils aus Verlagen, an deren Stände ich gerade erst ein paar Tage vorher auf der Buchmesse vorbeigegangen bin, ohne einen Blick darauf geworfen zu haben. Außerdem billige und bunte Neuauflagen von Erfolgsbüchern à la Weltbild und Bestseller zweiter Klasse. Dazu kommen ein paar Bildbände, regionale Titel und natürlich jede Menge Kinderbücher.

Was die Veranstalter von den Buchspendern nicht entgegen genommen haben, zeigt eine Informationskarte: »Nicht mehr aktuelle Romane aus den Jahren 1950–1990« heißt es da. Was haben wir darunter zu verstehen? Ist nicht Kunst zeitlos, wie wir gelernt haben. Aber wer spricht denn hier von Kunst? Meint man nicht vielleicht Bücher von Simmel und Kollegen, die Bestseller der 60er und 70er Jahre? Oder von Konsalik, der aber ausdrücklich als ungeeignet erwähnt wird, stellvertretend wohl für die Kriegs-Landser-Romane jener Jahre. Die finden sich in der Tat nicht auf den Tischen, auch keine Pornos sind dort zu finden, eher sind es Bücher für Frauen, und macht man im Publikum, das aber doch erstaunlich breit gestreut ist, einen Schwerpunkt aus, so ist es wohl die Frau um 40, die ›gerne liest‹.

Wie kommen Bücher überhaupt hierher, d. h. warum werden sie abgestoßen? Es sind ja nicht in erster Linie die Werke aus den Bibliotheken älterer Leute, die ihren Haushalt auflösen. Meine Theorie ist: Es sind die Bücher der Einmalleser und -leserinnen, die der Ex- und Hopp-Vielleser, von denen der Buchmarkt lebt, gänzlich ohne Rezensionen und Sellerlisten. Es sind die Bücher, die man immer mehr auch in der Stadt in den Buchtauschkästen sieht, ebenso auf den Flohmärkten, Bücher, die ansonsten weggeworfen werden, weil sie auch kein Antiquariat mehr ankauft.

Viele der Autoren dieser Bücher haben zumindest einmal gut verdient mit ihren Werken, es sind die nicht allzu zahlreichen Kollegen, die von ihren Werken eine Zeitlang leben können, weil diese schnell produzierbar sind, und dennoch empfinde ich auch mit diesen Kollegen ein wenig Solidarität: Sind ihre Bücher, selbst wenn sie keine große Kunst sind, selbst wenn sie nunmehr Gebrauchsspuren zeigen, nicht mehr als einen Euro wert? Auch das allerdümmste dieser Bücher hat Arbeit gemacht, Lebenszeit verschlungen und wird nunmehr verschleudert. Ware eben. Der Literat geht so mit gemischten Gefühlen aus dem Flohmarkt und nimmt, mehr als Solidarität denn als Überzeugung, wenigstens ein paar Bildbände über die Region mit.

Doch der Erlös der Aktion kann sich sehen lassen, beträgt mehr als 10 000 Euro, ist für einen ›guten Zweck‹, der Therapie für kranke und schwerstbehinderte Kinder. Die Bücher erlangen so einen zweiten Nutzen, vielleicht einen größeren als den ersten, wenngleich ein solcher Vergleich denn doch ein wenig hinkt. Eine weitere Frage ist: Braucht es überhaupt Bücher und deren Mehrfachverwertung, braucht es all den großen Aufwand, um diesen Spendenbetrag zusammen zu kriegen? Muss jeder, der übriges Geld spenden möchte, auch immer was dafür kriegen? Es scheint so: zumindest die Illusion eines Marktgeschehens muss aufrecht erhalten werden.

Burgherren

Wer möchte Burgbesitzer werden? Dazu bedarf es heute oft keines großen Vermögens. Zumindest nicht zum Kauf einer Burg. Hinterher schon.

Auch die Burg Abenberg hat ein buntes Völkchen von Besitzern und Nutzern aufzuweisen, die Franz Kornbacher sehr akribisch aufgeführt hat *(Heimatkundliche Streifzüge. Schriftenreihe des Landkreises Roth. Heft 3, 1984)*, was mir eine detaillierte Auflistung erspart: Zuerst Abenberger Grafen (um 1045 bis etwa 1200) unsicherer Herkunft, von denen einer der ersten angeblich 32 Söhne und 8 Töchter gezeugt hat, der vorletzte, Friedrich I. von Abenberg – so etwas vergisst man ein Leben lang nicht – im Jahre 1183 mit einigen anderen Adeligen beim gemeinsamen Verrichten ›geschäftlicher‹ Dinge in einer Abortgrube ertrunken sein soll. Es folgten Nürnberger Burggrafen aus dem Zollerschen Haus und ab 1296 Eichstätter Bischöfe. Diese nutzten die Burg nacheinander und standesgemäß bis zum Ende des alten Reiches und der Säkularisation. Standesgemäß heißt, dass man den Untertanen Abgaben abverlangte, Gerichtsbarkeit ausübte, ein Pflegamt und Kastenamt auf der Burg unterhielt, so dass – man übersieht das leicht – die Burg während des größten Teils ihres Bestehens keine Ritterburg, sondern eher eine Art Gericht, Polizei- und Finanzamt, jeweils mit Befugnissen zum Direktvollzug war. Aber dies ist halt weniger ›romantisch‹.

Nachdem ab 1806 das Königreich Bayern Besitzer wurde, war die

Burg funktionslos geworden, und niemand interessierte sich zu dieser Zeit für funktionslose Burgen. Die Burg verfiel so zusehends und trieb einer Ruinisierung entgegen, zumal man für die großen Sandsteinblöcke in einer steinarmen Gegend durchaus gute Verwendung hatte. Solche Steinquader nutzte der Hopfenhändler Anton Hofmann aus Abenberg, in den Jahren 1852 bis 1875 Burgbesitzer, zum Bau seines unterhalb der Burg gelegenen Wohn- und Hopfenhauses, eines auch heute noch die Sicht beherrschendes Prachthauses, in dem es landwirtschaftliche Produkte in echter Bio-Qualität zu kaufen gibt und man sogar vom Laden aus durch ein Fenster in den Kuhstall sehen kann.

Verwunderlich scheint mir, dass – ganz allgemein gesehen – auch heute noch von vielen Leuten der Abbruch eines funktionslosen Gebäudes bedauert wird, wo es sich doch um eine Form von sinnvollem Recycling handelt. Statt teure Steine heranzukarren, mit immer neuen Steinbrüchen gähnende Einschnitte in die Landschaft zu treiben, gehorcht man hier dem damals üblichen und heute wieder propagierten Prinzip der Nachhaltigkeit, zumal es zu dieser Zeit kaum jemanden eingefallen wäre, in der Burg ein erhaltenswertes Kunstobjekt zu sehen.

In der Zeit des Historismus und der Neuromantik, die auch heute noch ihre Anhänger finden, änderte sich diese Einstellung. Burgen waren wieder ›in‹, so dass sich mancher Industrieller eine solche zulegte und sich, wenn er wirklich reich war, obendrein noch einen Adelstitel dazu kaufte. Die Verdienste der allerdings nicht ganz so reichen folgenden Abenberger Burgherren Zwerschina und Schott um die Erhaltung der Burg und deren Bestückung mit neuen Türmen lassen sich überall nachlesen und brauchen hier nicht wiederholt zu werden.

Wenn wir ein bisschen spekulieren dürfen: Ohne die beiden romantisch gesinnten Burgherren würde man heute eine ›Ruine Abenberg‹ bewundern, wohl eine der ›größten Burgruinen Frankens‹, wie es in den Fremdenverkehrsprospekten heißen würde. Man hätte weiterhin Steine entnommen, Teile der Burg verfallen lassen, und irgendwann hätte man aus touristischen Gründen den weiteren Verfall einer nunmehr zur Sehenswürdigkeit erklärten romantischen Ruine aufgehalten, sie abgesichert, im Hof vielleicht Burgfestspiele veranstaltet, eine Brotzeitstube eingerichtet und in einem kleinen Museum ein von eifrigen Schülern gebasteltes Modell der ursprünglichen Burg gezeigt, zumindest Informationstafeln mit Grundrissen im Gelände aufgestellt.

Abenberg hatte nun wieder eine halbwegs intakte Burg, und in der Folge kauften mehr oder weniger wohlhabende Herren diese, die zeitweise sogar als Stammburg der Hohenzollern angeboten wurde, und zwischendurch hielt auch immer mal eine Bank die Hand darauf. Manche Besitzer schafften lediglich wertvolle Zuckerstückchen fort und ließen die Burg ansonsten wieder verfallen. Einer der sonderbarsten und zugleich längsten Besitzer der neueren Zeit, der Konsul Dr. René Kyritz aus Frankfurt/Main, hatte die Burg von 1918 bis zu seinem Tod 1959 in Alassio inne. Er bezeichnete sich als Weinhändler, Ex- und Import, feierte Partys, spielte Lebemann, errichtete eine Tanzfläche im Burghof und einen Swimmingpool, auch wenn das damals wohl noch nicht so hieß, und unterhielt einen Campingplatz am Burganger.

Während des Konsuls Burgherrenzeit, das findet sich kaum wo erwähnt, außer in den Erzählungen des heute achtzigjährigen Burgführers und Heimatforschers Franz Kornbacher, quartierte sich auch die Gestapo auf der Burg ein, und Kornbacher erinnert sich noch, wie kurz vor dem Einmarsch der Amerikaner hinter der Burg ein paar Feuerchen geschürt wurden, in denen wohl belastende Dokumente verbrannten.

Kyritz aber vermachte die Burg seiner Vaterstadt, doch Frankfurt nahm das Erbe nicht an, verständlich für eine Kommune, die sich öffentlich verantworten muss, eine Stadt ist schließlich keine Romantikerin und in den meisten Fällen auch keine Spekulantin. Nach dem Motto ›Wenn nichts mehr wird, kommt ein Wirt‹ wurden schließlich mit Hilfe der Münchener Löwenbräu eine Gaststätte auf der Burg eingerichtet und Gewölbe zu Tanzkellern ausgebaut.

1982 war dann endlich die Stadt Abenberg an der Reihe und erwarb die Burg. 1996 kaufte sie schließlich der eigens gegründete

Zweckverband Burg Abenberg, als Zusammenschluss von Stadt, Kreis und Bezirk. Die Burg erfuhr eine grundsätzliche Renovierung, der Burghof wurde seiner Bäume und des alten Brunnens, des Wasserbassins und kleinerer Nebengebäude beraubt, wie auch der Burganger, wo lange eine Gärtnerei in Betrieb war, zu einem weitgehend kahlen Gelände umgestaltet wurde. Doch ist Burg Abenberg so in gute Hände gekommen, und die neuen Besitzer haben ihr Schmuckstück u. a. mit der Einrichtung des Turmschreiberamts sinnvoll genutzt, auch wenn dessen Aufenthalt dort nunmehr mangels Turmwohnung ein wenig an Romantik und Flair verloren hat.

Ein Hinweis am Schluss für alle, die Burgbesitzer werden wollen. Es stehen noch genügend Burgen und Schlösser zur Disposition, die oft eine ähnlich wechselvolle Besitzergeschichte haben. Etwa nahe meiner Heimatstadt das herrlich über dem Main zwischen Weinbergen gelegene Schloss Mainberg, das ebenso teils ehrwürdige, teils obskure Besitzer hatte – von der Familie des Playboys Gunter Sachs bis zu einem kriminellen Haarwasserfabrikanten, der ein Heilmittel gegen Glatzen vertrieb – oder (bis vor kurzem jedenfalls) Schloss Neidstein bei Etzelwang im Oberpfälzer Jura, das sich vor nicht allzu langer Zeit im Besitz des US-amerikanischen Filmstars Nicolas Cage befand, und viele andere mehr. Der Erwerb solch einer Burg ist meist nicht allzu teuer, der Erhalt dafür etwas kostspieliger und ruinöser, und wenn Sie eine Burg erwerben sollten, liebe Leser, vergessen sie bitte nicht, auch ein Burg- bzw. Turmschreiberamt dort einzuführen. Es lohnt sich gewiss. Ideell wenigstens.

Busch, Wilhelm,-e

Wenn jemand schreibt, Wilhelm Busch sei auf der Burg Abenberg zu Gast gewesen, so sagt er zweifelsohne die Wahrheit. Wenn in dem schon in die Tage gekommene Fremdenverkehrsprospekt der Stadt Abenberg aus dem Jahre 2002 zu lesen ist: Die Künstlerfamilie

Schott, seinerzeit Besitzer der Burg Abenberg, »empfängt unter anderen den Schriftsteller Wilhelm Busch auf dem stattlichen Anwesen«, so entspricht dies vermutlich nicht der Wahrheit und grenzt ein wenig an Hochstapelei.

Das Gästebuch der Familie →Schott auf Burg Abenberg, das erst 2009 angekauft und 2012 veröffentlicht wurde zeigt dagegen ziemlich sicher, dass der Wilhelm Busch, der sich dort zweimal (15. September 1891 und 7. Juli. 1893) verewigt hat, nicht der berühmte Schriftsteller, Maler und Zeichner war. Dafür sprechen die äußerst kümmerlichen Einträge *»Die edle Stilla waltet wieder auf Schloß Abenberg, dessen wird sich stets erinnern: Wilhelm Busch 2.-15. September 91«*, und *»Die schönen Tage von Abenberg/sie sind schon wieder dahin. W. Busch, d. 7.VII. 93«*. Sonstige Aufzeichnungen über eine Bekanntschaft des Malers zu den Schotts fehlen. Vor allem stellt die von der Handschrift des berühmten W. B. abweichende Schrift ein gewichtiges Argument dagegen dar, auch wenn das Textmaterial nur gering ist.

Welcher Wilhelm Busch war es nun? Die Herausgeberin des Gästebuchs Birgit Friedel führt mehrere andere Träger dieses Namens an, sicherlich auch noch nicht alle, die in Frage gekommen wären, und favorisiert mit etwas schwachen Argumenten einen Pfarrer Wilhelm Busch aus Elberfeld, dessen Sohn Wilhelm Busch einige Bekanntheit erreichte und sich heute noch im Internet befindet, jedoch bezüglich eines Abenberg-Aufenthalts ein Alibi besitzt. Man fragt sich angesichts der Namenshäufung heute schon, ob es in der Zeit, die die Historiker Wilhelminische Epoche nennen, keinen anderen Vornamen als den der Preußenkönige bzw. des Kaisers gegeben hat?

Verwechselt, verdoppelt zu werden ist ohnehin das Schicksals der Träger häufig vorkommenden Vor- und Nachnamen. Eine Aktualisierung gefällig: Wie ich zufällig heute, Ende des Jahres 2013, lese, hat die große türkische Zeitung *Hürriyet* den neuen Bundesminister für wirtschaftliche Zusammenarbeit Gerd Müller als ehemaligen deutschen Torschützenkönig vorgestellt. Wie schön ist es da, sagt man sich, als Klaus Gasseleder auf die Welt gekommen und so ein Unikat zu sein, nicht nur in der Branche, sondern – laut Google –

wohl weltweit.

Aber was soll's? Der Burgaufenthalt des berühmten Mannes ist eine schöne Geschichte, mit der man Burgführungen würzen kann, und das Gegenteil nachzuweisen, ist ja auch nicht so leicht. Die Turmschreiber vor mir, die übrigens die gedruckte Ausgabe des Gästebuchs noch nicht kennen konnten, haben so sich, sei's im Spiel, sei's im Ernst, durchaus auf den berühmten Maler bezogen, in Bernhard Lassahns Buch spielt der ›richtige‹ Wilhelm Busch gar eine herausragende Rolle, und damit ist Wilhelm Busch eben einfach auf der Burg gegenwärtig, und auch die Burgführer erwähnen ihn, und damit wollen wir es belassen. Eine Bildhauerin für einen Max-und-Moritz-Brunnen wird sich wohl finden, oder ein gleichnamiges Gericht auf der Speisekarte des Burghotels, zumindest in der Kinderkarte, könnte kreiert werden, wenn dies nicht eh schon geschehen ist.

C

Cafés

In den Cafés alten Stils, besonders in Wiener Cafés, wurde traditionell gelesen und geschrieben, und so manches literarisches Werk verdankt der Kaffeehausatmosphäre seine Entstehung. Ich habe mir das Schreiben im Café auch angewöhnt, man muss sich als Autor, wie möglichst jeder andere Mensch auch, ja einen Rahmen schaffen, mit dem man sich identifizieren kann. Hätte ich einen Wohnort frei zu wählen, wäre sogar eine Bedingung hierfür das Vorhandensein eines Kaffeehauses, mit gutem Kaffee, mit Ruhe (weder Musik, noch Stammtische von Männern oder von Müttern, die ihren Kindern hier den Auslauf gewähren), dazu mit einer Auswahl an Tageszeitungen. Andere Accessoires alter Cafés, eine große Uhr, eine Telefonzelle, müssen nicht sein, manches hat sich ja tatsächlich überlebt und wäre bloß noch Dekor.

In Abenberg hat seit 2006 der *Rockerbäck* ein Café an seine Bäckerei, einem seit 1892 bestehenden Familienbetrieb, angeschlossen, und wohnte ich ständig in Abenberg, wäre es, schon, weil es das einzige ist, mein Stammcafé, auch wenn die Einrichtung nicht den Flair alter Kaffeehäuser bieten kann, sondern nur einfach und nützlich ist. Dafür gibt es eine Terrasse, die gerade in den Herbsttagen einem letzte Sonnenstrahlen genießen lassen kann und mir als Freiluftmenschen (ein Widerspruch zum Kaffeehausliteraten eigentlich) eine ebenso angenehme Atmosphäre verschafft, und der Kaffee, wenngleich kein italienischer oder Wiener und wie immer in Bäckercafés in zu großen Tassen ausgeschenkt, stammt zumindest von einer mittelständischen Rösterei.

Außerdem trägt es einen originellen Namen, der selbstverständlich nicht so zu erklären ist, dass hier Rockerbanden verkehren würden. Nein, es handelt sich dabei um eine typisch fränkische Zusammensetzung, abgeleitet vom Namen der Besitzerfamilie Rock. Ein dialektologisches Problem: wo das Genitiv -s nicht reicht, wie beim Müllers Schorsch oder auch beim Becks Heinz, wird ein *er* eingefügt. Der Merzer Lubber hieß bei uns in Schweinfurt ein alter Fußballer, und der Sachser Willy der Fabrikbesitzer. Hier im südlichen Mittelfranken fügt man, wohl auch dort, wo es nicht unbedingt nötig wäre (der Rocks Franz, wie er bei uns hieße, ginge auch) ein *er* ein, was bei kurzen Namen besser klingt, und so entstand also der *Rockerbäck*.

Der Rockerbäck also führt zwei (für mich hieße es: ›nur zwei‹, aber immerhin) Zeitungen, die Heimatzeitung in einer ihrer Varianten und der Deutschen Lieblingszeitung, deren Name ich nicht in den Mund nehmen will. Man kann im Café meist ungestört sitzen, wird zuvorkommend von den Bäckereiverkäuferinnen am Tisch bedient und niemand drängt einem zum stetigen Konsum. Das Beste: Es ist auf jeden Fall ein Café für die verschiedensten Leute. Für den Handelsvertreter, den Handwerker, der etwas zu erledigen hat, die städtischen Angestellten aus dem Rathaus in ihrer Mittagspause, die alte Frau, die mit Tränen in den Augen ihre Bestellung aufgibt, weil man ihren Mann tags zuvor »verabschiedet« hat, immer mal auch eine ältere Frau, die man Stilla nennt, zwei ausdauernde Backgammonspieler, die älteren Herrschaften am Nachmittag, die über ihre Krankheiten sich austauschen und diese oder jene, die über die Neuigkeiten im Städtchen tratschen. So ist es und soll es sein im Gegensatz zu manchen städtischen Szenecafés. Und ich denke an den italienischen Autor Claudio Magris, der über sein Café, das wundervolle San Marco in Triest, schreibt, dass es – wie das Leben – ein »offener Seehafen« sei, liberal und pluralistisch, kein »Pseudocafé, in dem eine einzige Sippe sich breit macht«, und überträgt man dies auf die kleine Stadt mit ihren wenig maritimen Verhältnissen, so trifft dies ja hier alles irgendwie zu.

D

Druidenstein

Der Druidenstein ist nichts als ein 4,70 m langer, drei Meter breiter und 1,80 m hoher, vereinzelter Burgsandsteinfelsen, im Staatswald zwischen Abenberg, Untersteinbach und Mäbenberg gelegen. Der Steinbrocken weist eine Höhlung und eine Rinne auf. Steine dieser Art gibt es in der Gegend noch einige Male, und für einen nicht geologisch geschulten Wanderer, der im Jura oder Fichtelgebirge häufig große Felsen aus anderem Gestein liegen sieht, hat er nichts Aufregendes an sich. Er wurde 1465 erstmals als markantes Flurzeichen namens Hohlstein erwähnt. Erst im 19. Jahrhundert kam die Bezeichnung Druidenstein auf.

Dieser Druidenstein spielt in der Geschichte der Abenberger Turmschreiberei eine gewichtige Rolle, denn der erste Turmschreiber Reinhard Knodt hat ihn auf einer nächtlichen Wanderung verfehlt, wäre schier in eines der Wasserlöcher im Wald oberhalb Untersteinbachs geraten und hat in seinem Turmschreiberbuch ausführlich über sein Abenteuer berichtet. Die Folge ist, dass jeder Abenberger, dem der jetzige Turmschreiber von seinem Besuch des Druidensteins berichtet, diesen sogleich fragt, ob er den Druidenstein auch mühelos und, ohne in Lebensgefahr geraten zu sein, gefunden habe. Nun allzu schwer war bei meinem ersten größeren Gang in die Abenberger Umgebung das Auffinden bei Tageslicht nicht. Hinterm Kloster Marienburg führt das Sträßchen, das am Ortsende sogar mit dem Ortsschild Mäbenberg gezeichnet ist, in den Wald, vorbei an einem Bogenschützengelände, vor dessen Betreten gewarnt wird, immer aufwärts bis zu einem Parkplatz, von dem die mit blauen Täfelchen markierten Wanderwege abzweigen. Der Zweierweg und der Dreierweg führen zum Druidenstein. Ich wähle den Zweierweg, der bald nach rechts bergab abzweigt und dann eine Linkskurve macht und von da aus immerzu gerade aus weiterführt. Ich komme vorbei an einer Art Stollen, der in einer dolinenartigen Mulde liegt und in dessen Felsenwand ein deutlich sichtbares Hakenkreuz eingeritzt ist. Da dachte ich zunächst, dies sei bereits der Druidenstein, gibt es doch so manche ungeistes-geschichtliche Verwandtschaften zwischen der Swastika, dem alten Sonnensymbol, aus dem die Nazis ihr Hakenkreuz entwickelten, und modischen Phantasien esoterischer Kreise. Doch der Stollen, so sagte man mir später, soll lediglich als Biervorratsstollen den Waldarbeitern gedient haben. Ob man dem nicht doch mal nachforschen sollte?

Eine kurze Irritation befällt kurz darauf den hier Gehenden. Man befindet sich plötzlich, ohne den Zweierweg verlassen zu haben, auf dem Zehnerweg, bis man bei genauem Hinsehen merkt, dass auf den blauen Täfelchen eine Abenberger-Zwei einer Gmünder-Zehn entspricht. Ich gehe also in Wirklichkeit – aus Abenberger Sicht – den Zweierweg weiter und finde dann auch bald links einen Hügel und einen größeren Felsen darauf und am Weg einen Hinweispfeil, den man aber von hinten, also von der Gmünder Seite her, lesen muss, um die Aufschrift Druidenstein zu erkennen. Der selbige liegt nun höchstens zwanzig Meter vom Wanderweg entfernt.

Dass Naturdenkmäler wie der Druidenstein Anlass zu allerlei Sagen und auch kruden Phantasien geben, ist bekannt, und vielleicht ist Reinhard Knodts Nachtwandersage nur eine letzte, eine vergleichsweise harmlose. Die aufgeschriebenen Sagen vom Druidenstein scheinen jedoch auch nicht allzu alt zu sein, der Name und die Deutung als Opferstein keltischer Priester sind erst im 19. Jahrhundert entstanden, und eine gewisse ›Keltomanie‹ seit den letzten Jahrzehnten des 20. Jahrhunderts hat ihn vielleicht wieder populär gemacht. Eine etwa zehn Zentimeter tiefe Kerbe wurde in den Phantasien der esoterisch angehauchten Sucher als eine Blutrinne gedeutet und eine gesäßbreite Einbuchtung als Sitz der Priester. Auch in der einheimischen Bevölkerung geriet man irgendwann in den Bann des Druidensteins. So sollten Heimische aus der Umgebung von zehn Metern um den Stein herum keine Preiselbeeren pflücken, der Boden sei ja mit Opferblut gedüngt. Andere Menschen aus den umliegenden Ortschaften kennen ihn sicher als Ausflugsziel ihrer Schul- oder Familienausflüge, und man mag in der Vertiefung des Steins, dem sogenannten Gaugrafensitz, die ersehnte Brotzeit abgehalten haben. So etwas bleibt im Gedächtnis haften und ist auch geeignet, ein kollektives Gedächtnis zu schaffen, eine Aura um das Steingebilde entstehen zu lassen.

Eine bekannte Sage wurde auch von der Abenberger Burgfrau Laura Schott unter ihrem Mädchennamen Laura von Schröder 1908 erzählt: Ola, der Sohn des Herzogs auf dem Heidenberg, und Hilmgard, die Tochter eines Häuptlings namens Walkmars von Abenberg, liebten einander, obwohl zwischen den Vätern nur Hass existierte. Nun kam es, dass Ola von Walkmars in Gefangenschaft geriet und seine Geliebte ihn befreien wollte und dabei selbst vom Druiden gefangen wurde. Schon am nächsten Tag vollstreckte man das Urteil. Auf dem Opferstein wurde Ola vor den Augen von Hilmgard und dem ganzem Volke die Kehle durchgeschnitten und das durch die Blutrinne ablaufende Blut in der Hirnschale des Getöteten aufgesammelt. Hilmgard sollte das noch warme und schäumende Blut trinken und verlor daraufhin ihren Verstand. Ausführlicher kann man diese und andere Sagen in Robert Unterburgers schönem Buch *Von Torabschneidern, Teufelsknöpfen und Solimännern. Sagen aus dem Landkreis Roth. Ein heimatkundliches Lesebuch* nachlesen.

Eine weitere Sage erzählt, dass hier ein Häuptling begraben liegen soll, dem man zur Heidenzeit Opfer gebracht habe. Grabungen, die 1898 stattfanden, blieben jedoch ohne Ergebnis. Auch die zwei eingehauenen Vertiefungen, als Sitze interpretierbar und als Zehntgrafensitz gedeutet, regten immer wieder die Phantasie an, doch gilt es als erwiesen, dass diese Ende des 18. Jahrhunderts von einem Waldarbeiter aus Mäbenberg auf Anordnung eines namentlich bekannten Forstmanns eingehauen wurden, der sich den Druidenstein schon mal zu Lebzeiten für sein persönliches Denkmal ausersehen hatte.

Naturerscheinungen wie der Druidenstein geben bis heute phantasievollen Hirngespinsten Nahrung, die sich in ihrer Struktur meist ähneln und auf sich ähnelnden Traditionen beruhen, wie Untersuchungen dieser Traditionselemente, der Spracheigenheiten und auch der Psyche ihrer Verfechter leicht erweisen könnten. Eine Mischung aus Glaubenssehnsucht, Paranoia, Haltsuchen, Verkündigungseifer, vor allem aus Ängsten gebären die Phantasiegebilde. Dies zeigen heute nicht mehr nur obskure Schriften, leichter und häufiger sind Interneteinträge zu fabrizieren, ja dieses jedem offene Medium gibt solchen Phantasien geradezu eine Plattform. So berichtet eine Tita merula corleone in ihrem *Runenhexblog* mit dem Namen *amselflug.over-blog* von »Freveltaten« der Waldarbeiter am Druidenstein. Sie klagt über »*Todesstimmung, Schockzustand der Naturwesen, Angstausstrahlung der Tiere, entsetzte Baumgeister (Faune), durcheinander gewühlte Energie der Raumfeen und noch vieles mehr, was dem Anblick und Gefühl eines menschlichen Schlachtfeldes sehr nahe kommt. Der Druidenstein war das erste mal, seit ich ihn kenne, völlig verstummt…*«.

Aber auch Friedrich Merkenschlager, Rassenbiologe und Heimatkunstdichter aus dem nahen Hauslach knüpft in seinem Beitrag *Kreuz und Gral zu Abenberg* im Buch *Sankt Stilla und Abenberg* selt-

sam erscheinende Verbindungen, hat »sehr freien Gedanken nachgeträumt«, wie er es selbst nennt, als er schreibt:
» … *auf der Burgfreiheit von Abenberg möge uns der Gedanke erlaubt sein, dass der Druidenstein am Waldweg zwischen Untersteinbach und Abenberg, der stumm bleibt und allen Deutungen abhold, erfunden werden müsste, wenn er nicht da wäre. Er ist da. Er gehört zur Symbolik. Aber er schweigt. Er ist der Stein des Eremiten Trevrizent* … «.

Und Merkenschlager schlägt im folgenden Eindruck schindende assoziative Verbindungen zwischen Kreuz und Gral, Wolfram und Tannhäuser, Parzival und Don Quichote, Hohenstaufen und Hohenzollern, Minneritter und Raubritter, Parzival und Faust, Druide und Christ usw. Er fasst seine Phantasien schließlich noch in einem Gedicht mit wohl unfreiwillig komischen Reimen zusammen:

Und die Abenberger Grafen
Gingen längst nach Heilsbronn schlafen;
Am Druidenstein bekennt
Sich zum Christen Trevrizent
Aus versteintem Urkristall
Wird zum Kreuz das Lied vom Gral.
Überall ist Augenlicht
Wo sich Gottes Lichtstrahl bricht.

Was ist das Huhn, was ist das Ei? Zieht ein solcher Ort spekulativ und spirituell denkende Geister an oder vermag er sensible Geister zu verwirren? Wohl beides. Zum Glück bewahren die Verantwortlichen für Fremdenverkehr in den betreffenden Orten einen kühlen Kopf und bieten den zeitgenössischen ›Gralssuchern‹ keine Plattform.

WELTREISE
DINNER
COMEDY AHOI
IN 4 GÄNGEN
EINMAL UM DIE WELT
Begeben Sie sich auf eine einzigartige Weltreise! Erleben Sie fremde Länder, aufregende Abenteuer, witzige Mitreisende und ein internationales 4-Gänge-Menü!
www.weltreisedinner.de
Das Original
Krimidinner
Ein Leichenschmaus
Infos und Reservierungen:
DAS SCHLAGERDINNER
Der Schlager des Jahrhunderts
MärchenDinner
Es war ein Mahl...
Wollen Sie wissen was wirklich geschah?

E

Events

Eine Burg taugt heutzutage zu viererlei Dingen, die eher untypische Turmschreiberei gar nicht mitgerechnet: zur Beherbergung von Jugendherbergen, zu der von Museen, zur Veranstaltung von Events und – insofern ein Restaurant mit entsprechenden Räumlichkeiten vorhanden ist – zum Abhalten von Tagungen. Auf Burg Abenberg kann man die letzten drei nutzen. Dabei sind mir die sommerlichen Großevents mit künstlerischem Anspruch auf dem Burganger entgangen, damit auch die Möglichkeiten, vom Turm auf den Anger hinab zu blicken und der in die Höhe mir zu flatternden Musik zu lauschen, wie es meinem Vorvorgänger Gerd Scherm noch vergönnt war. Ich fürchte allerdings, dass ich als musikalischer Ignorant und Freund der Stille in die Wälder entflohen wäre, wenngleich auch ein paar Liedermacher hier zu Gast waren, denen ich einst gerne zugehört habe.

›Kleinere Events jedoch erhalten die Wirtschaft‹, heißt ein gängiges Sprichwort, wenn ich mich falsch erinnere. Allerlei Feierlichkeiten, besonders Hochzeiten, kann man in dem Burgrestaurant begehen, dazu mittelalterliche Unterhaltungsprogramme und Ritteressen, bei denen keineswegs nur *Arme Ritter* serviert werden, genießen. Für diejenigen, denen der Genuss der Speisen und eine angenehme Unterhaltung nicht genügen, die also auch beim Essen bespaßt werden möchten, werden *Geisterstunden*, *Krimidinner* (wahlweiseHochzeit in Schwarz und Leichenschmaus), *Märchendinner* (Es war ein Mahl ...), *Dracula-Dinner* (Nosferacul), *Schlagerdinner* und so manches andere mehr geboten.

Ein Event auf Burg Abenberg, das mich garantiert in die Flucht geschlagen hätte, hätte er/es während meiner Turmschreiberzeit stattgefunden, sei besonders herausgegriffen: FRÜHER WURDEN BURGEN EROBERT. HEUTE STRASSEN. *Ein exklusiver Harley-Davidson® Abenteuer trip* nennt sich das Ganze auf Plakat und Flyer. Ein vermutlich straffreier Aufruf zur Gewalt, verbunden mit einem 6-Gänge-Menü in einem separaten (wollen die den eigenen Krach nicht hören) Burgzimmer, einem Picknickkorb und einem *Harley-Davidson® Softtail* (zu Deutsch: Weichschwanz). Leben wir also wieder in Zeiten unbeschränkter Gewaltausübung auf unschuldige Ohren? Aber das haben wir eh schon längst gewusst.

Tagungen schließlich gab es während meiner Zeit auf der Burg zuhauf. Fast immer wenn ich morgens gegen Neun, sogar schon zuvor, zu meinem Arbeitszimmer im Schottenturm empor schritt, gingen mit Anzug und Schlips ausgestattete anscheinend geklonte Männer, seltener Frauen, im Burghof umher: von ihren Zimmern zum Frühstücken und zu ihrem Tagungsraum im Stillasaal. Entsprechend war immer der Parkplatz mit Autos belegt, überwiegend Limousinen in der Farbe Schwarz und meist ebenso einheitlich aussehend wie ihre Nutzer.

Einmal jedoch, als ich einen Schlossherren eines kleinen Schlosses in der Nähe von Erlangen und seine Begleiterin zu Besuch hatte, stolzierte am Burghof ein nicht allzu großer Mann mit einer Art Uniform, Lederjacke und ausgestopften Schultern umher, eher einem Michelinmännchen als einem Bodyguard gleichend. Mein Gast, der für seine lockere Zunge bekannt ist, fragte ihn sogleich, ob er zur GSG 9 gehöre. Nein, antwortete er, er sei »normale Security«, und wir glaubten es ihm angesichts einer in der Burg stattfindenden Tagung von Neuroszientisten, Vertreter einer äußerst wichtigen und modernen Wissenschaft also, deren Tagung (sicher ganz uneigennützig) von einem großen Schweizer Pharmakonzern gesponsert worden war. Einige Tage später fiel mir im Städtchen und dann auch immer wieder vor der Burg ein kleiner feiner Wagen in bunten Farben auf, der mit tarnendem Astwerk dekoriert war und an dem ein Schild angebracht war: important man. In diesem Wagen traf ich unseren ›Bodyguard‹ wieder, und als ich einen kundigen Heimischen nach ihm fragte, erfuhr ich, dass er ein zugereister ehemaliger Künstler oder

Kunsthandwerker sei, der geschickt im Restaurieren aber nun irgendwie durchgedreht sei, ein harmloser Fall. Ich fragte nicht weiter: wie viele Menschen leben doch in eigenen Welten, und besonders trifft dies bekanntermaßen für Künstler zu, weniger für die praktizierenden als die phantasierenden. Mögen ihm die Abenberger einen Raum geben, sagte ich mir, auch wenn mir seine Maskerade und wohl auch seine Welt doch eher missfällt.

Exulanten

I bin an armer Exulant,
a so tua i mi schreiba,
ma tuat mi aus mein Vaterland
um Gottes Wort vertreiba.

Als jemand, der selbst einen, allerdings aus neuerer Zeit rührenden, österreichischen Migrationshintergrund besitzt, interessieren mich die österreichischen Religionsflüchtlinge, auch Exulanten (nicht Exilanten!) genannt, die vor allem während und nach dem 30-jährigen Krieg ins entvölkerte protestantische Franken gezogen sind. Zunächst und vor allem kamen sie aus dem Wald- und Mühlviertel, wohin auch meine verwandtschaftlichen und freundschaftlichen Beziehungen reichen, dann erst – rund hundert Jahre später – aus dem Salzburgischen. Diese Salzburger, heute oft mit den Exulanten gleichgesetzt, zogen zwar in großen Scharen durch Franken, wurden jedoch in geringerer Zahl als ihre Vorgänger hier sesshaft, sondern wanderten weiter nach Preußen und dessen östliche Provinzen.

Die Protestanten flohen in der Zeit der Gegenreformation, als Österreich unter der Herrschaft Ferdinands II. stand, der 1626 seine Untertanen vor die Wahl stellte, wieder katholisch zu werden oder auszuwandern. Sie zogen, wie es auch →Merkenschlager in seiner

Novelle *Sabina* schildert, über das kleine protestantische Ortenberger Gebiet in der Nähe von Passau ins überwiegend protestantische Regensburg und dann, das Altmühltal entlang, in die protestantische Reichsstadt Weißenburg und von da ins Ansbachische, wo sie in den zerstörten und entvölkerten Dörfern Aufnahme fanden. Sie wirkten oft maßgeblich bei deren Wiederaufbau mit und kamen in solch großer Zahl, dass sie in manchen Orten fortan die Mehrheit der Bevölkerung stellten, und jeder Gang über den Friedhof, jeder Blick ins Telefonbuch in den ehemals markgräflichen Gebieten verrät eine große Zahl österreichischer Namen.

Hauptzufluchtsort waren das Gebiet rund um Thalmässing und der Aischgrund, doch auch in der Nähe Abenbergs war Büchenbach ein Zentrum, vor allem auch Kammerstein. Die Kirchenbücher dort zeugen von 556 Exulanten, eine erstaunlich große Zahl für die kleine Pfarrei. Der prozentuale Anteil der Exulanten betrug im Verhältnis zur einheimischen Bevölkerung so auch weit mehr als 50 %. Auf den Grabsteinen am hochgelegenen und aussichtsreichen Friedhof (dafür könnte man die dort Begrabenen glatt beneiden) finden sich Namen wie: Holzberger, Rahnhofer, Hamberger, Leinberger, Spachmüller, Lehner, Leitner, Gsänger, Dengler, Galsterer, Gruber, Hechtel, Hofer, Brechtelsbauer, Roßbacher, Schiffermüller, Traunbauer und, man darf es nicht verschweigen, auch Frauenschläger. Doch wer hier bei diesem Namen lacht oder aufstöhnt, sei darauf hingewiesen, dass ein Schlag in Österreich ein gerodetes Waldstück ist bzw. ein Schläger ein Holzfäller, und warum sollte ein solcher nicht für eine Frauenkirche oder ein Nonnenkloster tätig sein.

Man hat in Kammerstein den Exulanten ein Denkmal errichtet. Eines allerdings, für das man eine Gebrauchsanweisung braucht, mit deren Hilfe man angeblich einen Schatten symbolisch durch ein Tor treten sieht. Mir gelang dies nicht, und ich dachte, es habe daran gelegen, dass es ein trüber, sonnen- und damit auch schattenloser Tag war. Erst bei meinem dritten Besuch hat meine Begleiterin – ich immer noch nicht – in einiger Entfernung und von Büschen verdeckt, eine in der Gebrauchsanweisung erwähnte »Plattform« entdeckt, von der aus dem Betrachter der auf den Boden aufgemalte Schatten tatsächlich senkrecht erscheint. Ein Wegweiser zur Plattform, liebe Kammersteiner, wäre nicht verkehrt.

Ein weiterer Zufluchtsort war →Mäbenberg, das auch Salzburger Flüchtlinge der zweiten Exulantenwelle aufnahm. Dort haben sich in einem solch großen Ausmaße österreichische Exulanten niedergelassen, dass man sagt, sie würden bis heute die Mentalität der Dorfbewohner prägen, was man als ein bloß durch den Ort Gehender selbstverständlich nicht überprüfen kann. Doch dass die Mäbenberger eine »eigne Rass« sind, gilt unter ihren Nachbarn für ausgemacht, wie auch der Spruch: »I bin vo Mamberg und waaß vou nix« zeigt, den man den Mäbenbergern anhängt, die ihn angeblich gebraucht haben, wenn sie wieder einmal wegen Holzdiebstahls vor Gericht standen, weil für die Holzentnahme aus dem Wald in der Ansbacher Markgrafschaft strengere Gesetze galten als in ihrer österreichischen Heimat. Weitaus häufigster Name in Mäbenberg ist der wohl österreichische Name Brechtelsbauer, der Gang am Friedhof zeigt es, wo grob geschätzt jedes vierte bis fünfte Grab diesen Namen trägt, ebenso ein Blick in das Telefonbuch.

Im Gebiet der heutigen Stadt Abenberg haben sich zunächst vor allem in den damals protestantischen Ortsteilen Exulanten angesiedelt, denn im katholischen Abenberg waren Protestanten nicht nur in der großen Minderheit, sondern auch Einschränkungen ausgesetzt. Denn dass der Landesherr, wie im Augsburger Religionsfrieden festgelegt, nicht nur die Religion seiner Untertanen bestimmte, sondern auch gegen Abweichler hart vorging, war kein österreichisches Phänomen allein. 1654 erließ, wie erwähnt, der Eichstättische Bischof eine Neuschrift der Ehehaftsvorschriften, der Stadtordnung für Abenberg, worin es im 1. Artikel hieß: »*Erster Articul. Und zwar zum Ersten sollen nicht allein alle Bürger und Inwohner zu Abenberg der christlichen katholische, allein selig machenden Religion zugetan sein und beständig dabei verbleiben …*« Protestanten wurden zwar nicht gleich des Landes verwiesen, doch hatten sie allerlei gewichtige Einschränkungen zu erdulden, die vor und zur Zeit des 30-jährigen Krieges verschärft wurden. Ein Protestant, der eine Mischehe eingehen, einen Bauernhof kaufen oder ein Gewerbe eröffnen wollte, musste sich von seinem protestantischen »Irrglauben«, auch Häresie genannt, feierlich lossprechen lassen. Evangelische Mädchen, die nach Abenberg heiraten wollten, mussten ebenso katholisch werden wie evangelische Handwerker aus umliegenden Orten, die sich in Abenberg ansiedeln wollten – und umgekehrt durften etwa Katholiken in Schwabach kein Bürgerrecht erhalten. Nach und nach, besonders nach der Aufhebung der Einschränkungen, d.h. der Einverleibung des eichstättischen Gebiets ins Königreich Bayern haben sich sicher auch Nachkommen der Exulanten in Abenberg niedergelassen. In einer Liste der Personen, die in Abenberg Landwirtschaft betrieben, die mir Franz Kornbacher überließ, finden sich jedenfalls auch einige Namen, die eventuell auf eine österreichische Herkunft schließen lassen, Namen, die häufig mit nachgewiesenen Exulanten-Namen aus den umliegenden Gegenden identisch sind. Nennen könnte man: Bachhuber, Mühleder, Brechtelsbauer, Einzinger, Gruber, Schmidtpeter, Lechner und den häufigen Namen Wechsler. Wer weiter suchen möchte, mag vor allem auf viersilbige Namen, die auf -hofer, -berger, -eder, -huber, -bacher, sowie Namen, die auf -inger enden, achten, wobei manche Österreicher auch anderswo geläufige Namen, zum Beispiel Handwerkernamen, trugen.

F

Federweisser

Ein Kapitel Weinbau

Was hat der Federweiße, auch Bremser, Sauser, Sturm genannt, mit Abenberg zu tun? Nichts. Das ist es ja. Er ist nur ein Sehnsuchtsobjekt des Turmschreibers im Oktober – ebenso wie der Zwiebelkuchen, besser noch der unterfränkische *Zwieflbloods*.

Aber, wer sagt denn, dass im *Abenberger Alphabet* nur das stehen soll, was es dort gibt, nein auch das, was es nicht gibt oder auf der Wunschliste eines weinfränkisch sozialisierten Turmschreibers steht, soll seinen Platz finden. Er gehört einfach zum Herbst wie … na, das kann sich jeder selbst nach eigenem Geschmack einsetzen.

Als ich weder das eine noch das andere in Abenberg gefunden hatte, habe ich mir notgedrungen einen Tag freigemacht, bin mit Bus und Bahn ins unterfränkische Weinland gefahren, um mich dort mit Federweißen vom Winzer zu versorgen. Nun gut, sagte ich mir, so mag es einem Mittelfranken auch gehen, der auf Schäufele versessen ist und dieses in Unterfranken vergeblich sucht. Will nur sagen: Franken ist vielfältig, und wer sein heimatliches Stück Franken mit ganz Franken gleichsetzt, wie es etwa die hiesigen Zeitungen und auch die Fremdenverkehrswerbung gerne tun, der hat eben einen fränkischen Tunellblick. (Oder sagt man hier schon »Tunnelblick«?).

Eine Ausnahme verdient dennoch Erwähnung: Am Matthäusfest in der Rother Altstadt, wohin ich zufälligerweise, auf einen Zug wartend, geriet, hielt die wahrscheinlich kleinste Kneipe der Stadt, das eigentlich bayrisch-bierkneipenmäßig orientierte *Platzl*, Federweißen und Zwiebelkuchen, und nicht mal den schlechtesten, für den dort unbekannten Turmschreiber (und andere Gäste) bereit. Vielen Dank dorthin.

Aber vielleicht hat es ja mal in Abenberg Federweißen gegeben. Zumindest der Rohstoff dazu, die Weinrebe, hat hier existiert. Ich hatte es schon vermutet, als ich vom →Galgenberg hinab ins Tal blickte und die weinbergverdächtigen Abhänge mit ihren uralten Hecken sah. Franz Kornbacher, unser lebendes ›Abenberger Lexikon‹, hat es mir bestätigt: Das Salbuch des fürstbischöflich-eichstättischen Pflegamts Abenberg vom Jahre 1407 nannte zehn Weingärten, wobei das Pflegamt allerdings größer war als die Stadt allein. Darunter gab es jedoch einen Weinberg an der Stadtmauer, einen Weinberg an der Göckleinsgasse und einen Am Zotenbühel. Letzterer wäre übrigens ein hübscher Name für eine Weinlage, der Name ist allerdings mittlerweile verschwunden. In einem Archiv des 15. Jahrhunderts sollen gar zwanzig Weingärten verzeichnet worden sein. So schreibt es Oberlehrer Dechant, der an der Abenberger Volksschule von 1895 bis 1936 wirkte und, wie so viele seines Standes, sich mit der Heimatkunde seines Wirkungsortes beschäftigt hat.

Dann gibt es schließlich noch die Legende, der zufolge unter Bischof Konrad I. von Pfeffenhausen um 1300 der Pfleger Rudgerus von Dietenhoven nach dem Festschmaus anlässlich seiner Amtsübernahme auf Burg Abenberg mit einem gehörigen Kater aufgewacht sei und den Ausspruch getan haben soll: »Der Abenberger Wein ist so sauer, dass man ihn mit Honig versüßen muss«. Doch dies war ohnehin in Franken (und auch anderswo) bis in die neuere Zeit hin gang und gäbe. Und zum Federweißen hätte er eh noch getaugt.

Sicherlich war auch in der Abenberger Gegend der Weinbau älter als das Bierbrauen. Selbst →Spalt wird zuerst als Weinort genannt. So berichtet Propst Arnold um 1050, dass schon Karl der Große Wein aus Spalt bezogen habe, und im Abenberger Halsgerichtsbuch, einem Verzeichnis der schweren Gerichtsfälle im 14. Jahrhundert, werden ein paar Händel genannt, die auf übermäßigen Weingenuss zurückzuführen sind. (Also auch in dieser Hinsicht nichts Neues unter unserem Himmel!). Auch, dass Konrad von Megenberg (→Mäbenberg) in seinem um 1350 erschienenen *Buch der Natur* im Abschnitt über den Wein dessen Verarbeitung, im Abschnitt über den Hopfen diesen nur als Unkraut beschrieben hat, spricht für eine ehemalige größere Verbreitung des Weins in der Spalter Gegend. Der Weinkonsum war wohl in der Zeit, wo man kaum frisches Wasser genießen konnte, recht hoch, die Tafernen, wie man die Wirtschaften nannte, hatte erstaunliche Ausschankraten, und selbst in den Akten des Augustinerinnenklosters Marienburg ist zu lesen, dass 1686 etwa 4000 Liter Wein dort lagerten.

Irgendwann siegte jedoch – wohl auch bodenbedingt – der Hopfen hier und in weiten Gebieten des östlichen Frankens über den Wein, und die hernach erfolgte Trennung von Wein- und Bierfranken ist ja mindestens ebenso einschneidend und mentalitätsprägend wie der zwischen katholischen und evangelischen Franken.

Dennoch: Abenberg wäre trotz seiner 420 m Meereshöhe längst nicht der klimatisch ungünstigste Ort für den Weinbau, den man sich denken kann. Frankens höchster Weinberg an der Stollburg am Rande des Steigerwalds liegt um 450 m. Und mittlerweile hat man kälteresistentere Rebsorten gezüchtet, das Klima wird bekanntlich wärmer, und es gibt sogar wieder offizielle Weinbaugebiete in Mecklenburg und Schleswig Holstein, wo der Boden auch mindestens ebenso sandig ist. Liebe Abenberger, baut wieder Wein an! Die passionierten Weinbergwanderer, Heckenwirtschaftsbesucher und Federweißentrinker werden es euch danken. Und ein Turmschreiber im Oktober wird dann gar nicht erst in Versuchung kommen, seinen Posten zu verlassen, um einen Weinbauort aufzusuchen.

Feld-, Wald-, und Wasserpädagogik

Als ich, was mittlerweile auch schon wieder über zwei Jahrzehnte zurück liegt, vom Lehrer zum Wanderer mutiert war, stieß mir in Wald und Flur weniges so übel auf wie belehrende Tafeln. Oft war deren Inhalt gereimt oder befehlend (»Erhaltet den Wald!«) und bewertend (»Gute Menschen – sauberer Wald«), was die Sache aber auch nicht besser machte. Manchmal waren auch auf sogenannten

Lehrpfaden Bäume benannt und erklärt, und andere Tafeln nahmen sich der Flora und Fauna des Landschaftsschutzgebiets oder gar Biotops an, und dies stets in einem recht lehrerhaften Ton und zum Unwillen des schriftstellernden Antipädagogen, das heißt zu meinem.

Auch in Abenberg und Umgebung begegnen wir einer Feld-, Wald- und Wasserpädagogik. Es finden sich an Rundwegen Tafeln mit Erläuterungen, meist mit einer Frage versehen, wobei man sich, um die Antwort zu kennen, auf den Kopf stellen muss, was vielleicht nicht der biologischen Bildung aber auf jeden Fall der Körperertüchtigung dient. Sie wissen ja: Im gesunden Körper soll ein gesunder Geist wohnen.

Hier bei den EU-geförderten Themenradwegen *Abenberger Land Erleben* und *Abenberger Wasser Erleben* stecken kluge Köpfe dahinter und ein gut bedachtes Konzept, wie man nahezu an jeder Tafel spürt. Nicht alltägliche Informationen findet man da, etwa über den Hopfenanbau, die Fischzucht, wobei man im Teich unterhalb des Nonnenklosters sogar einiges über Mönche erfährt, und auch – sicherlich rein zufälligerweise – unterhalb der Kloßteigfabrik des Herrn Henglein eine Erläuterung von dessen Produktionsweise. Doch ansonsten ist alles unaufdringlich und vor allem nicht in Verschen verfasst. Ich bekenne, ich habe mich an den Tafeln erfreut und einiges daraus gelernt. Freiwillig versteht sich.

G

Galgenberg

Blödem Volke unverständlich
treiben wir des Lebens Spiel.
Gerade das, was unabwendlich,
fruchtet unserm Spott als Ziel.

Magst es Kinder-Rache nennen
an des Daseins tiefem Ernst;
wirst das Leben besser kennen,
wenn du uns verstehen lernst.

Christian Morgenstern *Galgenlieder*

So schrieb Christian Morgenstern, dessen 150. Geburtstag man gerade feiert, in einem Gedicht seiner Galgenlieder. Dass dieses etwas mit dem Abenberger Galgenberg zu tun hat, zweifle ich stark an, aber worauf es sich dann so eigentlich bezieht, kann ich auch nicht sagen.

Galgenberge, Galgenleiten deuten ja gewöhnlich auf das ehemalige Vorhandensein eines Galgens hin, und tatsächlich soll das bischöfliche Pflegamt Abenberg hier am Galgenberg eine Richtstätte unterhalten haben. Man weiß sogar, dass die Einwohner der Louisenau (früher: Losenau), des oberen Ortsteils von Kleinabenberg, das nötige Holz, die Leitern und Stricke für die Hinrichtung liefern und die Hingerichteten zum Begräbnis geleiten mussten. Oberlehrer Christoph Haag aus Schwabach hat in seinen umfangreichen Unterrichtsmaterialien, einem wahren Lebenswerk, einen Auszug aus dem Abenberger Halsgerichtsbuch in der Zeit von 1419-1530 abgedruckt, wo eine ganze Reihe von Todesurteilen aufgeführt waren, und zwar nicht nur wegen Mordes. In einem solchen Fall kam man sogar manchmal glimpflich davon: mit dem Schwören der *Urfehde* und dem Setzen eines das Opfer ehrenden Sühnekreuzes, besonders wenn man sich mit den Angehörigen des Opfers ›vertragen‹ konnte und das Opfer nicht wohlhabend war. Todesstrafe gab es aber für Landesverräter, für Diebe und auch für einen Bigamisten. Dabei kannte man offensichtlich eine Abstufung. Mehrere, die in erster Instanz zum Tod durch den Strang oder das Rad verurteilt worden waren, wurden zu Tod durch das Schwert begnadigt. Ein ehrenhafterer Tod, da man dann ja durch ein Kennzeichen des Adels ums Leben gebracht wurde.

Im Steuerbuch von 1407 steht übrigens noch Gallingberg. Ob das nun eine alte Form ist, die sich auf den Galgen bezieht oder mit der Galle, der bitteren und schmerzlichen (engl. galling ärgerlich, schmerzlich) zu tun hat, ist ungewiss. Und noch etwas Schauriges soll es am anderen Ende des Berges, in Burgnähe nämlich, gegeben haben: Der Burgbesitzer Schott soll hier auf der nördlichen Höhe unter einem sichtbaren hohen Erdhügel seinen Schimmel begraben haben, den nämlichen wohl, der auf der Stadtansicht abgebildet ist und der den Heldentenor Schott bei seinen Rienzi-Auftritten auf die Bühne getragen hat. Heute ist dieses parkähnliche Gelände eingezäunt, ein freier Zugang ist nicht möglich.

Der Galgenberg, der zufälligerweise direkt über meiner Schlaf-Wohnung gelegen ist, ist jedenfalls für mich der heimatlichste Ort in Abenberg, trägt er nämlich (aufgemerkt!) auch Laubwälder. Vom Berg ziehen sich parzellierte Hänge nach Süden, an denen einst Wein (➞Federweißer) angebaut wurde und nun verwilderte Gestrüpp neben einigen Obstbäumen wächst, und das Ganze ähnelt der Mainleite bei Schweinfurt mit ihren aufgelassenen Weinbergen und verwilderten Südhängen. Mit den Ähnlichkeiten ist es ja so eine Sache, las ich doch jüngst, man würde im Alter keine neuen Eindrücke mehr aufnehmen können, sondern alles neu Gesehene stets mit altem vergleichen, aber, soweit ich mich in der Gehirnforschung auskenne, tut man das sowieso immerzu.

Fremd am Galgenberg ist mir jedoch zahlreiches Getier: Hirsche, Bären, Dachse, sogar Schnecken, alle etwa gleich groß und aus Gummi, immer mit kleinen Löchern versehen und oft am Ende einer kleinen Wegschneise stehend. Sie sind die Ziele der Abenberger Bogenschützen, von denen es eine ganze Menge zu geben scheint. So ist das Abweichen von Wegen in den Wäldern des Galgenbergs aus Gründen der Sicherheit nicht gestattet, wie so manche Jagdgründe oder Wege um den hinter dem Berg liegenden Golfplatz herum auch. Letztlich bleibt dem Wanderer, dem es nicht auf den Wegen hält, dort nur die Wahl, vom Pfeil oder vom Golfball getroffen zu werden.

Und weil wir gerade bei Gefahren sind, noch eine dritte Möglichkeit, ums Leben zu kommen, ist – auch nach Abschaffung des Galgens, den wir gar nicht mehr mitzählen – am Galgenberg gegeben: Es strecken jetzt im Oktober viele Pilze ihre Fruchtkörper aus dem Boden; neben Rotkappen, Kiefernsteinpilzen, Maronen auch ansehnliche glänzende Knollenblätterpilze und berauschende Fliegenpilze.

Die Wahl der Todesart am Galgenberg ist also jedem frei gestellt.

Gehen

Fahren und Gefahrenwerden

Es gibt gehende Autoren und fahrende Autoren. Zu den großen Fußgängern zählten etwa Moritz, Lenz, Seume, Hölderlin, auch der Franke August Graf Platen, im 20. Jahrhundert dann Robert Walser, Hans Jürgen von der Wense, W. G. Sebald und viele andere. Zu den Fahrenden rechne ich vor allem Geheimrat Goethe, denn im 19. Jahrhundert war das auch eine Frage des Geldes. So unternahm – um einen Dichter zu nennen, der nahe an Abenberg vorbei ging – der verarmte Friedrich Hebbel seine Reise von München nach Hamburg aus Sparsamkeitsgründen zu Fuß. Heute, wo die Übernachtungen teurer, die Bahnfahrten aber wesentlich billiger als die Kutschfahrten früherer Jahre sind, geht eine solche Rechnung nicht mehr auf. Ein Autor, der heute zu Fuß geht und dabei auch längere Strecken zurücklegt, muss schon andere Gründe dafür haben.

Jean Jacques Rousseau schrieb: *»Im Wandern liegt etwas meine Gedanken Anfeuerndes und Belebendes, und ich kann kaum denken, wenn ich mich nicht vom Platze rühre; mein Körper muss in Bewegung sein, wenn es mein Geist sein soll.«* In Thomas Bernhards Erzählung *Gehen* heißt es: *»Andererseits sind Gehen und Denken zwei durchaus gleiche Begriffe, und wir können ohne weiteres sagen (und behaupten), dass der, welcher geht und also der, welcher beispielsweise vorzüglich geht, auch vorzüglich denkt.«* Ein lebender Nachfahre gehender Dichter, Harald Grill, aus dem vorderen Bayerischen Wald, der u. a. einmal vom Nordkap nach Regensburg und gleich danach von Sizilien nach Hause gegangen, also den ganzen Kontinent in Nord-Süd und Süd-Nord Richtung durchschritten hat, nennt als Motivation: *»Schritt für Schritt sich selbst zu nähern und dabei noch Zeit zu haben, die anderen kennenzulernen«* und *»um zu sich zu kommen in dem eigenen Körper«, und er bezeichnet sein Gehen als ein »beharrliches langsames Angehen gegen den einen Kulturbetrieb, der sich in selbstgefälliger Hektik erschöpft und in dem sich Kulturschaffende und Kulturvermarkter kaum noch leisten können oder wollen, sich Zeit zu nehmen und ihre Umge-*

bung mit allen Sinnen wahrzunehmen.«
Schließlich, und damit möchte ich die Aufzählung zu einem Ende bringen, schrieb der vor einigen Jahren verstorbene Lyriker Rainer Malkowski:

»Ein geborener Spaziergänger – ein triebhafter Stadtwanderer oder Streuner auf ungekämmten Feld – ist man in erster Linie nicht aus Bewegungsbedürfnis, sondern aus Augenzwang. Aber auch das trifft es nicht – es sei denn, man erinnert sich daran, dass die Augen ein Teil des Gehirns sind. Die erstaunliche Ausdauer mancher hinfällig wirkender Schreibtischexistenzen im Gehen hat eine geistige Ursache. Hungrig nach Anschauungen, ist man gut zu Fuß.«

Es bedürfte eigentlich nicht dieser Rückversicherungen bei den großen Vorgängern, treffen diese Äußerungen doch meine Erfahrungen recht genau. Ein Selbstzitat aus meinem Fußgängerbüchlein *Der Weg zurück* über das Lob des Gehens:

»Nicht den Lüften bin ich zugetan, sondern der Erde verhaftet, dem Lehm unter den Schuhen, dem Staub an den Rändern der Straßen, den weichen federnden Waldböden, den kantigen Steinen des Felsenmeeres, will weder fliegen noch schwimmen, will festen Boden unter den Füßen haben. Erfassen und ertragen will ich die Entfernung, jeden Meter Wegs will ich ertasten, erspüren. – GEHEN als die ursprünglichste Art, sich von einem Punkt zum anderen zu bewegen. Gehen heißt den Boden unter sich fühlen, heißt den Lufthauch spüren, der nicht zum Fahrwind entartet ist, heißt die kleinen Veränderungen der Winde, des Wetters, Wärme, Kälte, Feuchtigkeit wahrzunehmen, heißt den Boden riechen, die Blüten, den Wald, den Staub, die Abgase, heißt sehen: das Kleine wie das Große. Dem Gehenden kann alles wichtig oder alles unwichtig sein. Aber er kann auswählen, was er sehen möchte, kann innehalten, wo er möchte; dem auf einer Bahn Fahrenden werden flüchtige Ausschnitte geboten, auf deren Auswahl er keinen Einfluss hat, will er ein bestimmtes Ziel erreichen, Ausschnitte, die er seinerseits geneigt ist, für Wirklichkeit zu halten. Ebenso groß der Irrtum des Autofahrers, er führe selbst, wo er doch auch nur gefahren wird von seiner Maschine. Fahren ist immer Gefahren-werden. Nur der Gehende ist sich selbst.«

Vielleicht haben Sie es schon bemerkt, werte Leserinnen und Leser. Ich benutze recht selten den Ausdruck Wandern. Nicht nur, weil er nicht dem Gehen vorbehalten ist, es gibt ja bekanntlich auch Auto-, Kanu-, Radwanderer, sondern weil das Wandern, wie es meist geübt wird, von der Zeit des Wandervogels an der Wende zum 20. Jahrhundert bis zum Volkswandern und dem Wandern der Wandervereine heute nicht dem entspricht, was ich darunter verstehe: Dem mal schnelleren, mal auch bedächtigen Dahingehen, das ein Aufnehmen von allerlei Eindrücken ermöglicht, bei dem weder sportliche Leistungen noch Geselligkeit und Gemeinschaftserlebnisse angestrebt werden.

Mein Automobil habe ich übrigens vor einigen Jahren schon abgeschafft, was nicht heißt, dass ich ab und an eines benutze. Das Wort Automobil, das zu Deutsch selbstbeweglich heißt, trifft übrigens auf Gehende eher zu als für ein Fahrzeug, das ja bewegt werden muss. Auch früher, nicht erst zur Zeit der sogenannten Anglizismen, gab es schon so manchen Sprachunsinn, wenn es galt Fremdwörter für neue Dinge zu erfinden.

Das Abenberg-Büchlein soll – manchmal nur heimlich eingestreut – ein Plädoyer für das Gehen enthalten, keine Anklage gegen den privaten Autoverkehr und die Schäden, die durch diesen angerichtet werden. Aber es kann vielleicht doch zeigen, dass man auch ohne Auto auch das selbe oder sogar das eine oder andere mehr sehen kann. Mit weniger Geld sogar, wenn man alle Kosten betrachtet, die solche ein Automobil verursacht. Und, das wird manchen überraschen, auch mit weniger Zeitaufwand. Denn demjenigen, der mit der fehlenden Zeit zum Fuß gehen und Radfahren argumentiert, mache ich die altbekannte Rechnung auf, dass er, zumindest wenn er kein allzu gut Verdienender ist, als Autobesitzer sogar mehr Lebenszeit verbraucht; wenn er nämlich die Kosten für Anschaffung und Unterhalt des Autos in Beziehung setzt zu seinem Stundenlohn und so erfährt, wie lange er dafür arbeiten musste – und diese Zeitsumme damit vergleicht, wie viel Lebenszeit ihm das Auto wirklich erspart hat. So kann sich jeder seine persönliche Rechnung aufmachen. Aber solch ein Aufrechnen der Zeit, das gebe ich zu, setzte praktisch schwer zu realisierende Umbauten an der Gesellschaft voraus, zum Beispiel den Verzicht auf feste Arbeitszeiten, so dass es vor allem die zeitlich weniger gebundenen Künstler und Philosophen spielerisch bedenken können, weshalb man uns auch oft nicht so recht ernst nimmt.

Der Turmschreiberaufenthalt sollte jedoch für mich jedenfalls auch ein kleines Experiment sein, dass man auch ohne Auto, ohne was zu entbehren, eine Zeitlang leben kann, und so griff ich auch nicht auf das Angebot des Bürgermeisters zurück, das Gemeindeauto zu benutzen, sondern vertraute mich meinen Füßen und den Linienbussen an. Bei diesem Stichwort ist übrigens ein relatives Lob an den öffentlichen Nahverkehr um Abenberg zu vergeben. Zwar waren Bemühungen der Abenberger um einen eigenen Bahnanschluss im 19. und am Anfang des 20. Jahrhunderts nicht von Erfolg gekrönt – man hoffte lange auf einen Bahnanschluss von der Strecke Wicklesgereuth, Windsbach über Wassermungenau nach Abenberg und weiter nach Roth oder Schwabach. Doch gibt es heute zumindest einen regelmäßigen Busverkehr nach Roth mit Bahnanschluss und nach Spalt. Auch fahren einige Linienbusse über Umwege, bei denen man einige Dörfer kennen lernen kann, nach Schwabach. Eine große Lücke klafft allerdings am Vormittag, wo man lange warten muss, um von Roth nach Abenberg zu kommen. Ein wahrer Literaturfreund übrigens, der diese Strecke mit dem Bus fährt, hat darüber hinaus die Freude, bereits am Ortsende der Kreisstadt zur Linken *Kafka's Döner* zu sehen. Hätten Sie's gewusst?

An abendlichen Busverbindungen mangelt es völlig, doch da gibt es, ich habe es allerdings nicht genutzt, das Anruftaxi, mit dem man nach und von Schwabach aus, Abenberg und seine Dörfer erreichen kann. Nicht ideal alles, aber es gibt doch im Abenberger Land so viele Verbindungen, dass man im Vergleich zu anderen kleinen Regionen fast von luxuriösen Verhältnissen reden kann. Von meinem Ideal einer ein- oder zweistündige Verbindung von jedem Ort zu den zugeordneten Bahnhöfen ist man jedoch auch hier weit entfernt.

Gewerbe

Handwerk, Handel, Landwirtschaft

Abenberg war während der meisten Jahre seiner Geschichte ein armer Ort. Die schlechten Böden ermöglichten wenig Landwirtschaft, und auch das Gewerbe stand nie in einer solchen Blüte, dass die Bürger die landwirtschaftlichen Produkte in genügendem Maße hätten gegen Geld eintauschen können. Sicher hat das sich in heutiger Zeit, wo dem Verkehr keine Grenzen gesetzt sind und alle Regionen an einem gewissen Wohlstand Anteil haben, eingeebnet. Dennoch bleibt die Frage: Wovon leben die Abenberger?

Die Antworten sind für einen Außenstehenden gar nicht so einfach zu erhalten, denn die Erwerbsquellen sind in der Stadt kaum sichtbar. Geschäfte sind nahezu ausgestorben, das Gewerbegebiet ist nicht gerade riesig, kaum eine der dortigen Firmen hat eine hohe Zahl von Beschäftigten, ja die Kloßteigfabrik bei Wassermungenau ist der größte Arbeitgeber der gesamten Gemeinde. Man muss als Abenberger also auswärts arbeiten. Dabei ist das Pendlerdasein für die Abenberger nicht einmal neu. Schon seit dem 19. Jahrhundert sind etwa Abenberger Maurer und Bauarbeiter in Nürnberg bekannt, und vor einem halben Jahrhundert zählte man bereits etwa ein Fünftel der Bevölkerung als Pendler.

Im 17. Jahrhundert gab es zudem eine Glas- und Spiegelhütte, am Anfang des 19. Jahrhunderts bestand eine Zunft der Nadler mit 27 Meistern und zahlreichen Heimarbeitern, die dann bald einging, schließlich ernährte das weit verbreitete →Klöppeln in Heimarbeit und Handel schlecht und recht die Bevölkerung.

Und wie versorgen sich heute die Abenberger? Bis weit ins 19. Jahrhundert war man nahezu autark, d. h. sämtliche Produkte des täglichen Lebens wurden in der Stadt selbst hergestellt, waren zumindest hier erhältlich. Selbst 1958 gab es noch fünfzehn Wirte, fünf Metzger, vier Bäcker, zwei Bierbrauer, drei Friseure, vier Schreiner, zwei Schmiede, einen Glaser, zwei Schneider, einen Drechsler, zwei Hafner, zwei Schlosser, vier Schuster und sage und schreibe 32 Ladengeschäftsinhaber in Abenberg. Darunter waren zum Beispiel Milch- und Gemüseläden, sicher auch Krämer und Kolonialwarenhändler.

Man fuhr zum Einkaufen nicht nach auswärts, außer mal für spezielle Anschaffungen, aber – bevor einem nun allzu sehr nostalgische Gefühle beschleichen – das hieß nicht unbedingt, dass das Einkaufen weniger mühselig war. Jedes Geschäft, jeder Kaufladen, wie man noch vor kurzem sagte, war spezialisiert, und um den täglichen Bedarf zusammen zu kriegen, musste man in zwei, drei, vier Läden nacheinander gehen, und es wurde in jedem von ihnen getratscht, und wer keine Tratschkathel war, musste dennoch warten, es sei denn, es sagte eine einfühlsame Frau zur Verkäuferin: »Lass die doch mal vor, die hat's immer so eilig.« Doch, und das ist eine weitere Kehrseite, hatten die Besitzer der kleinen Läden nicht mehr unbedingt ihr Auskommen, viele mussten nebenher Landwirtschaft betreiben, oder ein Familienmitglied zur Arbeit in die Städte schicken.

Nunmehr gibt es einen der üblichen Discounter ein ganzes Stück außerhalb der Altstadt und gleich in der Nähe des Unteren Tors einen alteingesessenen kleinen Supermarkt, wenn die Bezeichnung erlaubt ist. Aber selbst der Discounter ist in seiner Enge noch kein Einkaufsparadies, wie man es heute nennt, wo man sich standardisierte Waren aus Schachteln zusammensuchen muss. Die Frauen an der Kasse reden noch mit den Heimischen und lassen auswärtige Kunden warten, für den Betreffenden zwar etwas unangenehm, als Zeichen von Nähe jedoch an sich lobenswert.

Erst recht gilt dies für den kleinen Supermarkt, einem offenbar alteingesessenen Geschäft, das nunmehr einer der großen Ketten angeschlossen ist. Es ist ein Laden, in dem zwischenmenschliche Kontakte gepflegt werden, jeder dort das findet, was man halt so braucht und ein wenig mehr. So gab es während meiner Zeit kleine Gartenzwerge für weniger als fünf Euro und noch billigere Meterstäbe als Sonderangebot zu erwerben. Für beides hatte ich leider keinen Bedarf. Auch die Poststelle findet sich dort (und außerdem kann man in einem der kleinen Lädchen innerhalb der Mauern Briefmarken erstehen und bekommt dort, eine ausgesprochene Rarität, handgeschriebene Quittungen dafür.) Vier, fünf Kleinstgeschäfte für allerlei Kleinkram sieht man noch in der Stadt, vor allem Geschenk-und Souvenirläden. Aber damit hat sich's, und man fragt sich: Wozu braucht der Abenberger gerade diese Läden statt die des täglichen Bedarfs? Ein Gang durch die Siedlungen mit vielem kleinen Schmuckkram vor den Häusern mag eine Antwort geben.

Die geschilderte Entwicklung ist nicht neu hierzulande, die ökonomischen Ursachen hierfür sind jedem bekannt: Supermärkte, Discounter, Preiskampf, nunmehr auch Internetbestellungen. Es ist zugleich Ergebnis einer gewandelten Ökonomie. War es einst deren Sinn, zum einen die Grundbedürfnisse der Menschen zu befriedigen, andererseits den Verkäufern ein Einkommen zu sichern, so wurde dieses Wirtschaften abgelöst durch ein ökonomisches System, in dem nur die Gewinnmaximierung zählt, der alles untergeordnet wird: Erzeugen von Bedürfnissen, Kauf, Wegwerfen, Erzeugen neuer Bedürfnisse, neuer Kauf und so fort bis ins Unendliche. In Abenberg so wie überall.

Und überall haben die Leute sich selbst den Ast abgesägt auf dem sie saßen. Sie haben außerhalb eingekauft und damit erreicht, dass es innerhalb der Orte, in ihrer Nähe also, nichts mehr zu kaufen gibt. Da erwische ich mich zuweilen bei den Gedanken: soll ihnen doch das Benzin ausgehen, sollen sie vollbepackt ein paar Kilometer marschieren wie ein Bergbauer in früheren Zeiten, der alles, was er nicht selbst erzeugen konnte, mühsam aus dem Tal zu Fuß hochtragen musste. Wenn nur die alten Menschen nicht wären, aber diese können auch so sich kaum mehr selbst versorgen, wenn sie kein Auto mehr bewegen können.

Die Heimischen haben sich wohl arrangiert. Das eine kriegt man in Schwabach, das andere in Roth, und schließlich liegt Nürnberg auch noch fast vor der Tür. Doch es gibt sogar Leute, die umgekehrt extra zum Einkaufen nach Abenberg kommen, zum Metzger, zum Hofmann – und, was für Frühaufsteher und wirkliche Früh-Stücker von Vorteil ist: Abenberger Geschäfte, Metzger, Bäcker, Cafés öffnen recht bald am Morgen, zu Zeiten, wenn in den Städten die jüngeren Leute gerade erst von ihren Vergnügen nach Hause kommen.

Laut einer Liste, die Franz Kornbacher für ein Projekt der Mädchenrealschule zusammen gestellt hat, gab es in der Zeit zwischen 1950–1960 in Abenberg noch 116 Haupt- bzw. Nebenerwerbslandwirte. Fast alle hatten Rinder, zumindest eine Kuh, 13 zumindest ein Pferd im Stall. Einige besaßen Ziegen. Schweine sind nicht eigens angeführt, dürften jedoch von nahezu allen Landwirten gehalten worden sein. Rund 66 Abenberger Familien bauten darüberhinaus →Hopfen an. Eine Mehrfachtätigkeit als Landwirt, Handwerker, Ladeninhaber war durchaus üblich. Heute gibt es nur noch drei bis vier hauptberufliche Landwirte, deren Höfe im Volksmund noch die alten Hausnamen tragen wie Beckenbauer und Äckerla (Eckerlein).

Genaueres über die Vielfalt der angebauten Früchte erfahren wir am *Grünen Pfad* zwischen Obersteinbach nach Beerbach, wo im Rahmen des Radweges *Abenberger Land Erleben* eine Tafel verrät, dass im Landkreis Roth die größte Vielfalt an angebauten Pflanzen in ganz Bayern anzutreffen ist. Und das wohl nicht trotz, sondern wegen der schlechten Böden, die etwa einen Getreideanbau in großem Stil nicht zulassen. Neben Kartoffeln, Roggen, Hirse, Mais, Tabak, Hopfen, Spargel baute man wohl auch Erbsen und Linsen, früher auch Buchweizen und weiße Rüben an. Heute wachsen auch allerlei Heilpflanzen auf den Feldern, die, einzeln aufgeführt, die Rekordvielfalt an verschiedenartigen Pflanzen erklären.

Eine regionale Besonderheit stellt wohl der Anbau von Lupinen dar, die in Dürrenmungenau, wo es einen Lupinenhof als Gaststätte gibt, von dem Lehrer Erhard Schneider Mitte des 19. Jahrhunderts als Düngepflanze für die hiesigen sandigen Böden entdeckt wurden. Die stickstoffreichen Pflanzen, die sonst im Sommer vor allem Nadelwälder zieren, wurden in und um Abenberg vor allem zwischen den Kartoffelreihen gepflanzt, wo sie dann, in einer Zeit, als eine zeitlich beschränkte Kinderarbeit auf dem Lande selbstverständlich war, von den Buben in die Erde hineingetreten wurden, damit ihre stickstoffhaltigen Knöllchen den Boden düngten. Franz Kornbacher weiß noch davon zu berichten.

Doch auch in früheren Zeiten war man bezüglich der Versorgung mit landwirtschaftlichen Produkten nicht autark. Viele erinnern sich noch gut an die Zeiten, wo etwa die Krautschneider aus dem Oberland hinter Windsheim in die Stadt gekommen waren, mit ihren Krautköpfen von Haus zu Haus gingen, um diese, von überflüssigen Blättern befreit, zu verkaufen. Dass es heute in der Stadt jedoch kein Gemüsegeschäft, vor allem wohl auch keinen Gemüsemarkt, mehr gibt, sehe ich dennoch als eine Fehlentwicklung an. Eine gute Entwicklung dagegen findet sich in einigen Ortsteilen, wo man Selbstvermarktung betreibt, die zum Teil auf Treu und Glauben aufgebaut ist, etwa wenn man in Beerbach sich Kartoffeln aus einer offenen Halle selbst entnehmen und mit Geld begleichen kann. Diese Hofverkauf setzt allerdings als Schattenseite wieder Mobilität, und das heißt in der Regel Benzin verfahren, voraus, und zwar in größerem Maße, als wenn Gemüsehändler die gesammelten Viktualien in die Stadt bringen.

Glubb

Der größte Abenberger Fußballverein ist der Glubb, so würde ich als Außenstehender es mal behaupten. Dessen Vereinsfahnen hängen an mindestens fünf herausragenden Stellen in den Gärten und Vorgärten, und das Vereinswappen ziert so manches Garagentor. Deutlich weniger Zuschauer weisen die DJK Abenberg und der SV Abenberg bei ihren Spielen auf, die man zuweilen nur durch unauffällige Anschläge an Scheunen und Holztoren angekündigt sieht. Solche Ankündigungen hat der Nürnberger Glubb nicht nötig.

Dem Glubb galt auch eine Ausstellung im Heimatverein Abenberg unter dem Titel *Die Legende lebt auch in Abenberg*, die gerade während meiner Turmschreiberzeit stattfand, der Glubb gehört also auch von daher zur Abenberger Heimat und ist geschichtsträchtig. Denn als Anlass der Ausstellung hat man das ungewöhnliche Fest des 113-jährigen Bestehens gewählt. Nicht einmal in Nürnberg selbst hat man laut Auskunft maßgeblicher Stellen zu diesem bedeutenden

Jahrestag eine Ausstellung eröffnet.

Zusammengestellt wurde sie von Gerd Haubner, dem Vorsitzenden des 1. FCN-Fanclubs mit dem schönen Namen *Die Burg-Glubberer Abenberg*. Sie umfasste rund 50 Objekte, nur einen Teil von Haubners Sammlung. Dazu gehörten, laut Zeitung und eigener Anschauung: die Original-Medaille zum Pokalsieg des 1. FCN 1935, Utensilien, die beim Endspiel um die deutsche Meisterschaft 1961 eine wichtige Rolle gespielt haben oder Christian Eiglers Fußballschuhe, mit denen dieser im Relegationsspiel gegen den FC Augsburg (1:0 am 13. 5. 2010) ins Tor traf, dazu Trikots und, als Leihgabe des aus Roth stammenden Heini Müller, Mitglied der deutschen Meistermannschaft von 1961 und Ehrenmitglied bei den Abenberger Burg-Glubberern, dessen Sporttasche und Schuhe.

Es soll keine Herabwürdigung kirchlicher Reliquien sein, wenn man auch diese Gegenstände als Reliquien bezeichnet. Die ethnologische Wissenschaft tut dies längst. Und seien wir mal ehrlich: Wie viele würden ein Beutelchen mit dem Sand aus dem Grab einer Heiligen gerne gegen ein echt getragenes (und hernach gewaschenes) Glubb-Trikot eintauschen? Freilich sind von den Glubb-Reliquien keinerlei nachweisbare Wunder bekannt, die sie bei den Anhängern bewirkt haben. Im Gegenteil, zur Zeit, wo ich dies niederschreibe, an Ostern 2014, bedürfte es wieder mal eines Wunders, damit der Glubb nicht absteigt.

Golf

Abenberg verfügt über einen Golfplatz mit einer genügenden Anzahl von Löchern für Wettbewerbe aller Art. Es sind 27 an der Zahl, die Maulwurfslöcher nicht mitgezählt, wobei mir immer noch nicht klar ist, weshalb man solch ein riesiges Gelände braucht, um 27 Löcher zu bohren.

Es gibt durchaus Gegner der Golfanlagen. Ich bin keiner mehr, aber auch kein Befürworter, eher ein Ignorant, keine gute Voraussetzung also, um darüber zu schreiben. Manche beklagen die Landschaftszerstörung durch das Anlegen der Golfplätzen, und die glatten Rasenflächen mitten in der nirgends so glatten Natur begeistern auch mich nicht, wobei man dem Abenberger Platz doch zu gute halten muss, dass die glattrasierten Greens innerhalb des gesamten ausgedehnten Geländes doch nur einen kleinen Teil ausmachen. Aber so umweltschädigend, wie man es ihm zuweilen nachsagt, ist der Golfbetrieb dann doch nicht, zumindest, wenn man lediglich den Schadstoffausstoß beim Golfen betrachtet. Selbst bei häufig gebückter Haltung der Einlochwilligen wird deren Methanausstoß um ein Vielfaches geringer sein als der der Kühe auf der Weide, deren Haltung man als Alternative für die golfbedingte Flächennutzung heranziehen könnte. Allerdings darf man in die Umweltrechnung nicht den Kraftstoffverbrauch für die doch etwas größeren Autos der Golfwilligen einrechnen, die einen immer mehr zweifeln lassen, warum gerade ein relativ kleines Auto-Volksmodell *Golf* genannt wurde.

Auf dem Abenberger Golfplatz scheint es übrigens sehr gebildet zuzugehen, denn es gibt dort eine Golfakademie mit einem 6-Loch-Akademieplatz, auf dem man Platzreifekurse absolvieren oder eine Platzreifeprüfung bestehen kann. Lateinkenntnisse sind meines Wissens aber nicht Voraussetzung. Auch steht das für das wissenschaftliche Golfen unverzichtbare Fach Ballistik, also Flugbahnberechnung eines Balls, nicht auf dem Stundenplan. Wie in einer richtigen Akademie werden jedoch vom Golfclub Abenberg Werte vermittelt. Ich zitiere: *»Das Golf-Konzept BIRDIES dient der*

Persönlichkeitsentwicklung von Kindern und Jugendlichen. Durch den Golfsport erleben sie spielerisch innere Werte, die ihnen sowohl im Sport als auch im Leben zu mehr Erfolg verhelfen.« Genannt werden explizit: *»Bescheidenheit, Inneres Selbstvertrauen, Respekt, Durchhaltevermögen, Integrität, Eigenverantwortung und Spaß«.*

Dennoch bleibt mein Verhältnis zum Golfsport eher distanziert, nicht nur, weil ich als Spaziergänger oft genug Umwege um die Plätze mit ihrem lebensgefährlichen Treiben machen musste. In meiner antiautoritären Phase, die nun aber auch schon wieder ein paar Jahrzehnte zurück liegt, sann ich sogar auf Möglichkeiten der Sabotage, dem Unbrauchbarmachen der Löcher durch Zuschütten oder übler Verunreinigung (wie, wird nicht verraten). In der an die antiautoritäre Phase anschließenden Ökophase setzte ich dagegen mehr Hoffnungen auf Maulwürfe und Wühlmäuse. Inzwischen habe ich, altersweise geworden, weitgehend meinen Frieden mit den Golfplätzen und den darauf agierenden Einlochern geschlossen. Es gibt weit größere Übel auf der Welt, die zu verlachen sich lohnt, und die Lebenszeit ist beschränkt.

H

Häuser

Gabionen, Hunde

Die Häuser innerhalb der Stadtmauern Abenbergs sind zum größten Teil aus vorigen Jahrhunderten erhalten. Sandsteinbauten dominieren, daneben gibt es die älteren Fachwerkbauten. Dem Landfremden fallen die häufigen hohen und steilen Giebeln auf, vor allem die der Hopfenhäuser, wo man hohe Dachböden zum Trocknen des Hopfens errichtete, die mit Lüftungsöffnungen versehen waren. Auch die übrigen Stadthäuser sind Ackerbürgerhäuser, oft in der Bauweise angelehnt an das sogenannte mittelfränkische Wohnstallhaus, einem Eindachhaus, in dem neben dem Wohnbereich auch die Stallungen untergebracht waren. In der Abenberger Altstadt längs des Marktplatzes stand vorne das Wohnhaus, dahinter waren Hof, Stallungen und Scheunen. Bäuerliche Eindachhäuser und Höfe finden sich heute noch in den sogenannten Vorstädten wie der Schweinau und Küchelbach, wobei man mittlerweile fast überall Viehstall und Scheune in Autoställe verwandelt hat.

Haben wir innerhalb der Stadtmauer eine ziemlich intakte Sammlung von Wohnhäusern, so ändert sich dies, wenn wir in die Erweiterungsgebiete kommen und erst recht in den Neubausiedlungen. Der erste Turmschreiber Reinhard Knodt hat in seinem Kapitel über Abenberger Architektur sich über die südlichen Ortsteile, die sich von der Altstadt zum Bach hinunter und wieder hoch zum Kloster ziehen oder eine Vorstadt vor dem Oberen Tor bilden, teils geistreich und beredt, teils pauschalisierend ausgelassen und so ziemlich alles aufgezählt, was Architekturkritiker in den letzten Jahrzehnten als typische Merkmale der deutschen Nachkriegswohnbauten und Siedlungshäuser genannt haben. Diese finden sich zwar in Abenberg auch, doch weit seltener als in den Randgebieten größerer Städte. Man sieht hier kaum Wohnblocks, in zwei Hälften geteilte Doppelhäuser, eine streng einheitliche Straßengestaltung, verunglückte Prunkbauten, sondern meist eine bunte Mischung bescheidener kleiner Häuschen, die sich im Gebiet zwischen Rother Straße und dem Klosterberg verteilen. Was zum Glück des Betrachters in Abenberg fast völlig fehlt, sind auch Flachdächer, Bungalows, denn auch die neueren Häuser haben hier, angelehnt an die alte mittelfränkische Bauweise, relativ steile Dächer.

Wie in vielen Orten haben auch in Abenberg die zugezogenen Familien, zuerst wohl die ›Flüchtlinge‹, Wohnstätten in den neuen Siedlungen gefunden, eine Werkvolksiedlung wurde angelegt, die zur Hälfte von ihnen bewohnt wurde, dann zogen wie überall immer mehr junge heimische Familien aus dem alten Ort hinaus in ein paar neben,hinter und untereinander gelegene Neubaugebiete. Einer, der fachkundiger ist als ich, könnte sicherlich einzelne Bauphasen erkennen und an ihnen einen Teil der bundesrepublikanischen Nachkriegsbauentwicklung nachvollziehen. Doch sollte man nie vergessen, dass es sich um Zweckbauten aus einer Zeit handelt, bei denen man mit den vorhandenen bescheidenen Mitteln, sowohl was die Materialien wie auch die finanzielle Mittel angelangt, auskommen musste. Viele Formen, die man heute belächeln mag, oder gar als Bausünden betrachtet, gehorchten lediglich der Not und wurden oft auch in gutem Glauben an ein schönes Eigenheim (man beachte die von den Baugesellschaften meist verwendete ideologieträchtige Bezeichnung ›Heim‹ an Stelle von Haus) errichtet.

Was aber die vielen kleinen ›Bausünden‹ betrifft, die gibt es in wenigen Fällen tatsächlich, und sie sind nicht entschuldbar durch wirtschaftliche Gründe, weil man sie vornehmlich dort antrifft, wo man einem aufwendigen Stil huldigt, wie an einigen Häusern am östlichen Klosterberg oder der westlichen Vorstadt. Da gibt es die norddeutschen Walmdächer, die neofeudalen von steinernen Löwen umrahmten Gartentore und verzinkte Metallzäune mit Kugeln auf senkrechten Stäben. Da gibt es alpenländische Balkone und allerlei Verblendungen der Fassaden und Bewohner. Eine besondere Beachtung, nicht unbedingt in positiver Hinsicht, verdienen die Gabionen, über deren weite Verbreitung in Abenberg sich schon mein Vorvorgänger gewundert hat. Durch ihn einmal aufmerksam gemacht, sah ich sie auch bald in Abenberg und dann auch anderswo, wo sie mir zuvor noch nicht aufgefallen waren. Sie haben ihren Namen vom Italienischen gabbio, dem großen Käfig, wurden zu Deutsch früher einfach Steinkörbe oder Schanzkörbe genannt, als sie bzw. ihre Vorgänger noch aus Weiden geflochten und mit Steinen gefüllt waren und in der Festungsbaukunst Verwendung fanden.

Ich lese in einem FAZ-Blog vom 28. 6. 2013 über die weiteren Ursprünge nach. Dort behauptet der Autor Don Alphonso, dass die Kelten in ähnlicher Bauweise die Mauern ihrer Oppida, ihrer Burgstädte also, errichtet und dann unter dem Stadttor ein zuvor rituell geschlachtetes Kind vergraben hätten. Auch wenn ich mancher Privatkeltologie, wie sie sich in den letzten Jahrzehnten ausgebreitet hat, skeptisch gegenüber stehe (siehe auch den Abschnitt über den Druidenstein) sollte uns dies doch zu denken geben.

Auf jeden Fall sind Gabionen up to date. Benutzt werden sie, folgt man den Lexika, in der Landschaftsarchitektur, beim Straßenbau (Lärmschutzwände), bei Deichbauten und überall, wo Wälle aufgeschüttet oder Hänge befestigt werden sollen, etwa als Stützmauern bei Weinbergsterrassierungen und eben seit einiger Zeit auch bei der Anlage von Hausgärten, Vorgärten vor allem, dort also, wo man sich gegen Blicke von außen abschotten möchte.

Wir finden die Gabionen oft in Kombination mit verzinkten barockisierenden Türen und Zäunen, auf deren Spitzen jeweils eine Kugel aufgesetzt ist – als wollte man einem ganzen Vogelschwarm einen Ruheplatz bieten – und zuweilen, wie an einigen Stellen in Abenberg, mit grünlicher Nachtbeleuchtung oder grünem Glas versehen, wodurch es gelingt, den Kitscheffekt noch einmal beträchtlich zu steigern. Besonders deutlich wird dies an einigen Anwesen in der Schweinau, etwa an den Außenanlagen der Wirtschaft Zum Grünen Tal, die, soweit ich informiert bin, ja dem ortsansässigen Gabionenhändler, oder -bauer gehören soll. Dessen Firma, sicherlich ein wichtiger und verdienstvoller Arbeitgeber in Abenberg, scheint vor allem dafür zu sorgen, dass man in dem im doppelten Wortsinne gar nicht besonders steinreichen Städtchen diese Steinkäfigmäuerchen so häufig antrifft.

Die üblichen Siedlungshäuser, ob in der oberen Vorstadt, unterhalb der Rother Straße, in der Schweinau oder in Küchelbach aber sind bescheiden, auch bei der Verwendung zeitweiliger modischer Elemente wie Glasbausteinen. Es gibt zwar Vorgärten, die nichts von einem Garten haben, sondern mit Rasen und allerlei Kitsch versehene Abstandshalter zu den Vorübergehenden sind, aber auch solche mit angelegten Beeten und mit einer Bank vor dem Haus, auf die man sich im Prinzip auch setzen kann, auch wenn man sich vermutlich nicht mehr am Feierabend zum Plausch mit den Vorübergehenden niederlässt. Und es gibt durchaus viele Häuser, die individuell gestaltet sind. Kaum eine Straße, wo ein Haus dem anderen gleicht. Auch der übliche Vorgartenschmuck, bestehend aus Wagenrädern, Blumenampeln, Strohgeflechten und Zwergen, hält sich in Grenzen, und wenn nicht, macht deren Pflege den Bewohnern und ihren Nachbarn doch jedenfalls Freude. Literaten und Kulturkritiker, die sich herablassend auf jeden aufgefundenen Kitsch stürzen, weil dies ein eigenes Überheblichkeitsgefühl stärkt, werden ohnehin selten vorbei flanieren.

Die Vielfalt und verstreute Lage der Abenberger Siedlungshäuschen sind im Gegensatz zu manchen am Reißbrett geplanten bzw. komplett von Baufirmen hingestellten Häusergruppen anderer Orte eine der Vorzüge der Abenberger Vororte, auch dass man dazwischen immer wieder mal ein altes Bauernhaus findet wie am Ende der Werkvolkstraße das Haus Nr. 11, für mich eines der schönsten Abenberger Häuser, wenn auch eines, zu dem bestimmt keine Stadtführungsgruppe geht.

Es stimmt, was Reinhard Knodt hervorhebt: Fast alle Häuser besitzen die immer wieder monierten mit Rollläden versehenen Fensterlöcher an den Fassaden, an denen ich nicht vorbei gehen kann, ohne an Fitzgerald Kusz' nürnbergerisch zungenverrenkendes Gedicht *Liebe III*: »lou ä moll denn roll loo roo«, zu denken. Doch wenn mein erster Vorgänger sagt – *»Ja ich stelle mir vor, damals, also vor rund vierzig Jahren, verstanden überhaupt nur wenige, warum Holzfensterläden überhaupt zur Fassade gehören und dass ein Haus eine Stirn hat und Augen und dass es Fröhlichkeit ausstrahlt mit Fensterläden und dass es trist und depressiv machend aussähe mit blicklosen Löchern, in denen Plastikrollos halb zugezogen den Blicken standhielten, während es dahinter blau und rot blitzte, wie von Tagesschau und Gangsterfilmen.«* – finden sich alle immer wieder anzutreffenden Kritikpunkte intellektueller Kulturkritiker der Nachkriegszeit angeführt. Doch dass Fensterläden überhaupt nicht zu den kleinen weißen Häuschen passen würden, zeigen manche Beispiele, wo man sie dennoch verwendet oder eine Seite mit, eine ohne Läden hat, und es gibt umgekehrt auch vereinzelte Häuschen, im Klosterbezirk und in Küchelbach etwa, wo man das Alte mit zusätzlichen pseudoländlichen Schmuckelementen versehen hat, Traditionen bewahren wollte, und das so entstandene Hausgesicht dann keine Fröhlichkeit sondern das Kitschlächeln einer romantischen Filmkulisse ausdrückt.

Doch im Prinzip möchte ich Reinhard Knodt gerne zustimmen in seinem Hoffen auf Menschen, die noch den Blick auf Schönheit alter Handwerksarbeit bewahrt oder ihn wieder gelernt haben, und ihr Wissen gehört zu dem, was wir bewahren sollten für andere Zeiten, in denen nicht nur Käufliches, Vorgefertigtes, Glattes zählt und alles, was Risse zeigt, schnellstens zu erneuern ist. Knodt hat von einer »Sonderwirtschaftszone Abenberg« geträumt, in der die einstige Vernunft alter Produktionsweisen ausprobiert werde, und ich würde ihn ergänzen und viele, viele dieser Sonderwirtschaftszonen propagieren. Doch Bewahren heißt, wenn wir Hegel etwas trivialisiert wiedergeben, nicht nur ein Aufheben im Sinn von Bewahren, sondern auch ein Aufheben im Sinne eines zu Ende Bringens, und auch im Sinne des Aufgehens im Neuen.

Das unangenehmste für mich als unschuldigem Spaziergänger in den Straßen des Neubaugebiets sind ohnehin nicht vielleicht misslungene Häuser, sondern es sind die überflüssigen Hunde, die den auf der Straße entlang Gehenden unterschiedslos verbellen. »A home without a dog, is just a house«, lese ich an einem Schild an einer Eingangstür, denke nach, ob dieser feine britische Unterschied bei einer wörtlichen deutschen Übersetzung überhaupt heraus kommt. Ein Pendant mag es sein zu dem allseits bekannten britischen »my home is my castle« – und für den Castle-Charakter, Burgcharakter mancher Häuser sorgen neben den Gabionen auch traditionelle Steinmauern und übermannshohe Thujabäume. Für den fremden Spaziergänger aber ist das behundete Haus ohnehin kein ›home‹, sondern ein unfreundliches Haus, zumindest, wenn ein nämliches ebenso behundetes daneben und noch eines da ist, und das Gebell sich wie ein Staffellauf fortsetzt, wenn jemand an den Häusern vorüber geht. Der Turmschreiber gesteht, er braucht solche ›Hundehomelands‹ nicht, da ist ihm ein ganz normales Haus allemal lieber.

Handwerkskunst

Als eine noch neue Verkäuferin beim Rockerbäck in Abenberg die (mir nicht sichtbare) kunstvolle Form eines Backwerks aus der Backstube bewunderte, belehrte sie der alte Bäck mit einem verschmitzten Lächeln, er habe das Stück naturgetreu gebacken, sei zuvor nach draußen gegangen und habe Schablonen nach der Natur hergestellt, denn ein Bäcker sei schließlich auch ein Künstler. Ob er es ernst gemeint hat oder sein Lehrmädchen auf den Arm nehmen wollte, konnte ich leider nicht erfahren.

Ich lasse es jedenfalls gelten: Ein Handwerker ist ein Künstler, solange er nicht ausschließlich mit Vervielfältigungsmaschinen und vorgefertigten Materialien arbeitet. Andere Sprachen wissen das, sie sprechen, kaum unterscheidbar, von »artist«, wenn sie den Künstler, von »artisan« wenn sie den Handwerker meinen. Nur die deutsche romantische Traditionen verschaffen dem Künstler, dem Maler, Bildhauer, und besonders, wiederum ein sehr deutscher Ausdruck, dem ›Dichter‹, eine Sonderstellung unter den Produzenten, sehen in ihm ein Genie, in dem geheimnisvolle Fähigkeiten wirken, die nur ihm eigen sind.

Lasst uns Künstler statt dessen herab steigen von den Thronen, auf die uns manche gehoben haben. Und wünschen wir den Bäckern und ihren Kollegen aus den anderen Handwerkszünften, dass sie weiterhin trotz all der Konkurrenz von Selbstbackstuben und anderem Kram Eigenes schaffen und das individuell Geschaffene auch verkaufen können. Nicht nur in alter Tradition, auch in neuen Varianten, die darauf aufbauen. Nur sollte man es mutig selbst machen, ausprobieren, Freude am Produzieren haben. Teiglinge und andere käuflichen Rohlinge sind was für handwerkliche Dummköpfe und Gleichmacher.

Haus fränkischer Geschichte

Soll man »das Haus« oder »ein Haus« sagen? Dieser scheinbar kleine Unterschied hat durchaus seinen Sinn. Denn meine erste angelesene Begegnung mit dem *Haus fränkischer Geschichte*, vor längerer Zeit schon, begann mit einem Missverständnis: Es gibt nämlich ein *Haus der Bayerischen Geschichte*, eine öffentliche Institution, die unter anderem Landesausstellungen organisiert. Mit diesem hatte ich mehrere Male zu tun, und lange dachte ich, das »Haus der Fränkischen Geschichte«, mit dem »der« in der Mitte, sei ein Pendant dazu, ein Gnadengeschenk der bayerischen Staatsregierung an das vernachlässigte Franken, und böte mir, der ich jahrelang Aufsätze, Rundfunkfeatures zu Themen der fränkischen Literaturgeschichte verfasst hatte, vielleicht eine Gelegenheit, ›mich einzubringen‹, wie man damals sagte. Doch nie habe ich aus der Entfernung von nicht mal hundert Kilometern etwas von Aktivitäten des »Hauses der Fränkischen Geschichte« mehr gehört, und erst in Abenberg wurde ich darauf aufmerksam gemacht, dass ich ja stets falsch gelesen hatte, dass das Haus auf der Abenberger Burg sich in wohlweislicher Bescheidenheit gar nicht »Haus der Fränkischen Geschichte«, sondern *Haus fränkischer Geschichte* nennt, wodurch sämtliche Kritik an einer etwa großsprecherischen Namensgebung hinfällig ist. So spielen einem Lesegewohnheiten einen Streich.

Was ist es denn nun aber? Eine überregionale Institution, ein Privatmuseum? Eine Forschungsstätte? Unter der Überschrift *Zeitreise durch Franken* heißt es sinngemäß in den hauseigenen Publikationen, werde man dazu animiert, in das Mittelalter einzutauchen, als in Franken die Burgen die Herrschaftszentren waren. Kettenhemd, Ritterhelm und Einhandschwert, so heißt es, dürften ausprobiert werden und erzählten anschaulich vom damaligen Leben auf der Burg. Dass man auf einer Burg etwas über Burgen erfährt, versteht sich von selbst. Die Frage geht nach dem wie? Was war die Burg Abenberg während der größten Zeit ihres Bestehens. Eine Ritterburg? Doch wohl ein eichstättisches Pflegamt, eine weitaus prosaischere Angelegenheit. Und wen oder was pflegte der Pfleger dort? Was hat seine Tätigkeit und die des Kastners, der auch dort wohnte, für die Untertanen des Bistums bedeutet? Das wären die Fragen, die ich mir stellen würde. Stattdessen schielt man auch hier auf die Publikumserwartungen, es wird das übliche Spielzeug-Mittelalterbild transportiert: Mittelalter ist gleich Burg und sonst nichts, als seien Jahrzehnte sozialgeschichtliche Mittelalterforschung an uns vorbei gegangen, was sie wohl auch sind. Und wie es dann in den kindlichen Köpfen junger und alter Menschen weitergeht, mit TV-Filmchen, Mittelaltermärkten (samt Pommes Frites-Ständen selbstverständlich) wissen wir eh. Dass in erster Linie männliche Schüler auf diese Weise für Geschichte interessiert werden, auch.

Diese Mittelalterfixierung, und das gilt ja auch für die meisten geschichtlichen Museen, für Filme, für das Fernsehen, führt leicht zu einer Vorstellung, dass alles, was irgendwie sehr alt ist, Mittelalter ist, führt zur Vorstellung von einem schier unendlichen und in sich nicht weiter untergliederten Mittelalter, zu dem blinden Fleck der für uns heute viel bedeutenderen Jahre zwischen 1400 und 1800 etwa, der Zeit der Territorialstaaten, Bauern- und Bürgerkriege, des Entstehens einer neuen Wirtschaftsordnung und eines neuen Weltbildes. Für vieles von dem gibt es ja in Abenberg durchaus Dokumente, sieht man sich an, was der Schwabacher Lehrer Haag in fast lebenslanger Kleinarbeit an Materialien für die Heimatkunde bereit gestellt hat.

Weiter heißt es unter anderem: »alle Sinne werden angesprochen«. Ich möchte endlich mal eine Mittelalterdarstellung erleben, wo auch der Geruchssinn angesprochen wird. Das erst wäre ›Mittelalter live‹, wenn auch wahrscheinlich mit der Folge, dass die Besucherinnen und Besucher den Schauplatz des mittelalterlichen Tuns schleunigst verließen. Aber wissen wir nicht längst, welch große Rolle gerade dieser Sinn für Erinnerung und das Prägen von Bildern besitzt, ein Grund dafür, dass sich Geschichte nie halbwegs originalgetreu vermitteln lässt, weil der Reproduzierbarkeit und Erzeugung von olfaktorischen Eindrücken immer noch Grenzen gesetzt sind.

Und dann erfuhr der alte Antipädagoge und Turmschreiber noch etwas von der realen Museumspädagogik: Da ich nicht selbst Zeuge war, folge ich dem zufällig aufgefundenen Bericht des Kindergarten St. Jakobus im Jakobusboten 3/2013, wo zu lesen ist:

»Die Kinder lernten das Burggespenst Friedrich kennen, ein sehr liebes Gespenst, dem sie ein Lied vorsangen. Anschließend erfuhren sie durch ein kleines Spiel, wer außerdem noch auf der Burg lebte und wie laut es dort zuging, wenn der Graf und die Gräfin durch den Burghof ritten. Nachdem sie die Ritterrüstung und den schweren Helm anprobiert und das Schwert erkundet hatten, suchten sie mit Begeisterung den Schatz, den das Burggespenst im Burghof versteckt hat.«

Oh seliges kindliches Mittelalter!

Was aber die Fixierung auf die Interessen der männlichen Jugend anbelangt, so mögen die Abenberger Mädchen das Glück haben, dass sie der Geschichte auch durch eine Frauengestalt begegnen können, durch →Stilla nämlich, und auch das Klöppelmuseum kann weibliche Geschichte vermitteln und tut es auch, sofern man eben nicht nur auf das Handwerkliche und die Produkte schaut, sondern auch auf die soziale Lage der Klöpplerfamilien. Einen weiteren Versuch, den weiblichen Aspekt der Geschichte, wenngleich einen weniger emanzipatorischen, zu zeigen, ist die Burgführung durch zwei als Frau →Schott und ihre Schwester verkleidete Mitarbeiterinnen des Hauses, die das Leben der neureichen Schottfamilie aus der Sicht der beiden Dämchen vorführen.

Zweimal ging ich fast inkognito, jedenfalls führerlos, durch die Ausstellungsräume. Zuerst im Sommer in eine wirklich gut gemachte Sprichwörterausstellung und dann während meiner ›Amtszeit‹ in die Dauerausstellung. Ich begab mich auf eine Zeitreise durch Franken und erhielt schon bald das Diplom als *Geprüfter Franke*, trotz eines, ich muss es schamhaft gestehen, Fehlers, der mir unterlaufen war. Aber auch mit dem Diplom in der Hand bleibt mir immer noch die Frage: Was ist ein Franke? Franken sind wir, aber sind nur wir Franken? Das klingt etwas kompliziert, aber als ich bei einem internationalen Mundartdichtertreffen einen Lothringer sagen hörte, er spräche fränkische Mundart, ist mir, obgleich ich es eigentlich schon wusste, so recht klar geworden, dass wir, die wir das Monopol auf ›richtige Franken‹ zu besitzen glauben, in der Tat nur Ostfranken sind, wie es die Sprachwissenschaftler nennen, Bewohner des äußersten Zipfels des Gebietes, in das einst Franken vorgedrungen waren, wo sie sich bereits zur Zeit der Besiedelungen mit den Wenden, Thüringern und Bajuwaren vermischt haben.

Weiter heißt es, es ließe sich in einem nachgebauten Kapellenraum, durch den ein Riss geht, die Glaubensspaltung nachvollziehen. Da horche ich im Nachhinein noch auf, denn ich sehe, an den Wänden meines Arbeitsraumes findet auch eine vielfache Glaubens-, besser Gedankenspaltung statt. Dies ist aber wirklich gar nicht so unpassend für mein Arbeiten.

Dass die Ausstellung die »territoriale Zersplitterung Frankens erlebbar« mache, ist ein weiteres Ziel. Die Kartendarstellung hierzu ist durchaus gelungen. Doch was ist die Folge dieser Zersplitterung? Was hat das mit dem fränkischen Separatismus heute, dem heute wieder gepflegten und gehegten Gefühl der Benachteiligung Frankens, eines Landes, das es so nie gab, zu tun?

Ich sehe lange auf die Karte, sinniere vor mich hin und plötzlich erscheint vor mir an der Wand ein Zeitungsausschnitt der »Allfränkischen Nachrichten« vom März 2034 und ich lese:

»Nachdem in der Ukraine, in Moldawien und einigen Balkanregionen noch immer bewaffnete Auseinandersetzungen aufflammen, beginnt es kaum 20 Jahre nach der friedlichen Abspaltung Schottlands von England, kaum ein Jahrzehnt nach der Gründung der Republiken Katalanien, Veneto und Tirol, der Aufteilung Belgiens, ein Jahrzehnt nach Wiederbeginn der immer noch andauernden Kämpfe um die Loslösung der Inseln Sardinien und Korsika von ihren Mutterländern, nun auch im Freistaat Bayern gewaltig zu gären: Kaum zwei Jahre, nachdem dieser die Selbständigkeit errungen hat, streben nunmehr fränkische Separatisten vehement nach einer Entlassung aus dem Freistaat. Dabei ist jedoch ein einheitliches Vorgehen kaum sichtbar. So mehren sich die Zeichen, dass das überwiegend katholische ehemalige Unterfranken sich einem,

wie es heißt »Diktat der Metropolregion Nürnberg« nicht fügen möchte, wobei wiederum einige protestantische Dörfer und die ehemalige Freie Reichsstadt Schweinfurt eine abweichende Position einnehmen. Noch undurchsichtiger gestaltet sich die Lage in Oberfranken. Während Coburg aus historischen Gründen eher nach Thüringen tendiert und Kontakt zu den herzöglichen Autonomiebewegungen in Meiningen und Gotha sucht, mehren sich aus der Stadt Bamberg und den ehemals erzbischöflichen Bamberger Gebieten die Stimmen, die eine Annäherung an die Würzburger Pläne befürworten. Für die ehemals markgräflichen Gebiete um Bayreuth und Erlangen kommt dagegen nur ein Zusammengehen mit der Region Nürnberg in Frage. Allerdings werden auch in traditionsbewussten bürgerlichen Nürnberger Kreisen Mahnungen laut, die eingedenk jahrhundertelanger Feindschaft ein Zusammengehen der Stadt Nürnberg mit den markgräflichen Gebieten zwischen Bayreuth und Ansbach vehement ablehnen. Doch auch innerhalb der ehemaligen Markgrafschaft ist man sich nicht einig. Separatisten aus den ehemals katholischen Kleinstädten Abenberg, Spalt, Heideck und Herrieden haben bereits ihre Einwände gegen einen protestantisch geprägten Freistaat Franken geäußert und überlegen entweder einen Anschluss an die Würzburger Herzoglich fränkische Autonomiebewegung HFA, oder, ,»trotz sprachlicher Differenzen«, wie es heißt, einen Anschluss an den Kreis Eichstätt und damit den Verbleib innerhalb des Freistaates Bayern. Bürgerwehren nach Vorbild der bischöflichen Zeit wurden bereits gegründet.«

Ein Schwindel überfällt mich, es wird mir schwarz vor den Augen und ich muss mich setzen. Als ich Minuten später die Augen vorsichtig wieder öffne, ist der Zeitungsausschnitt verschwunden, und ich begebe mich schleunigst an die frische Luft, um die bösen Geister, die über mich gekommen waren, zu verscheuchen.

Hausfrauenlolly

Wissen Sie, was ein »*Hausfrauenlolly*« ist? Ich nicht. Ich hätte natürlich mich erkundigen können, in den Küchenlexika oder bei Google, aber dann wäre es vielleicht ein Geheimnis weniger gewesen, und ich liebe Küchengeheimnisse. Ich hoffe nur, dass es nichts Unanständiges ist. Fragen Sie also, wenn sie neugierig sind, selbst Familie Schneider im Burgrestaurant.

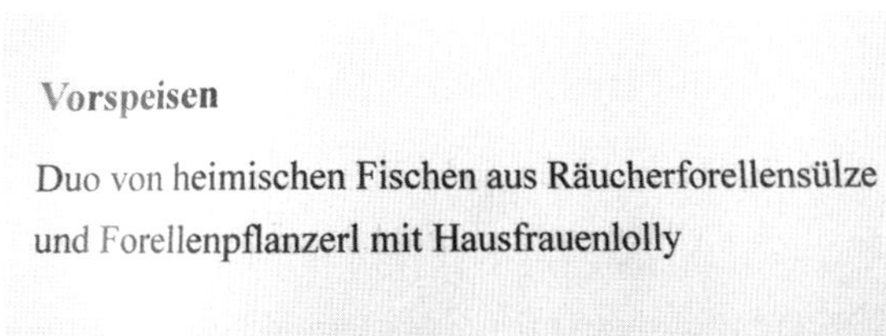
Vorspeisen

Duo von heimischen Fischen aus Räucherforellensülze und Forellenpflanzerl mit Hausfrauenlolly

Dort werden Sie auch noch auf andere sprachliche Köstlichkeiten treffen. In ihrer Selbstdarstellung im Netz ist etwa zu lesen, dass Herr Christian Schneider für eine Firma arbeitete, die deutsche Kreuzfahrtschiffe »*becaterte*«. (Ob sie Kater lieferten? Früher gab es ja tatsächlich Schiffskatzen, wie jedem zünftigen Seefahrtsroman zu entnehmen ist). Verzeihung für gelegentliche Kalauer, doch das Sitzen in der Lounge mit dem Hausprospekt in der Hand und dem Bierglas auf dem Tisch erweckt in einem Turmschreiber halt derartige Geistesblitze.

Andere Geistesblitze mag ein Getränk namens »*Sex auf der Burg*« verschaffen. Ausgeschenkt wird es jedoch nicht im Burghotel, sondern im *Nachtwächter*. Ich habe es übrigens nicht probiert und weiß folglich nicht, ob ich etwas versäumt habe.

Heidenberg

Sagen, alte Straßen, Walking, Kürbis und Tipis

Nicht am, nicht auf, sondern *im* Heidenberg spaziert man, wandert man, walkt man nordisch.

Besagter Heidenberg ist, in der Sprache des Lexikons, ein hügeliges Waldgebiet, größtenteils im gleichnamigen gemeindefreien Gebiet im Landkreis Roth gelegen. Es befindet sich zwischen den Gemeinden Kammerstein und Büchenbach, und seine höchste Erhebung, die Ofenplatte, liegt 462 Meter über dem Meeresspiegel.

Für mich ist es eine Insel, die aus einer ansonsten etwas eintönigen Hochebene herausragt, die entsprechend von weitem schon sichtbar und durch den Fernsehturm auch identifizierbar ist, wie etwa der Dillberg, und ich stelle mir ein Meer vor, wie es tatsächlich eines gab oder bei fortgesetzten Erderwärmung auch vielleicht wieder geben könnte, aus dem dieser Berg sich als Insel erhebt.

Und er ist ein Kreuzungspunkt alter Straßen, die für mich einen besonderen Reiz ausüben. Das Abenberger Land durchquerten etwa seit der Kolonialisierung durch die Karolinger, also um 800, bis in die Neuzeit hinein mehrere Straßen als Überlandverbindungen. Nördlicher Ausgangspunkt der Wege war im Mittelalter der Schwabacher Königshof, später die Stadt Schwabach als die Handelshauptstadt der Ansbacher Markgrafen. Die Straßen, unter denen man sich bis ins 19. Jahrhundert nur mit aufgeschütteten Steinen, gelegentlich mit Steinplatten befestigte Wege vorstellen darf, führten überwiegend über den Heidenberg, nicht im Rednitztal; und das nicht der schönen Aussicht wegen. Die Steigungen waren von den von Pferdegespannen gezogenen Kutschen und Wagen immer noch eher zu bewältigen als Wege durch sumpfige und sandige Talgegenden, in denen die Karren stecken blieben.

Zu diesen alten Straßen, deren Namen in allerlei Aufsätzen schwanken, zumal sie sich mehrmals verzweigen, gehörte vor allem der *Weißenburger Steig* (auch Italienstraße oder Hohe Straße genannt). Er verlief von Schwabach über den Heidenberg nach Kühedorf und Rittersbach. Der *Mildacher Steig* ging vom Bibartgrund bis Kammerstein und Mildach und von da nach Abenberg bzw. an Abenberg westlich vorbei. Wichtigste Straße in diesem Gebiet war die *Burgunderstraße*, später Ulmer Geleit- und Heerstraße genannt, die von Nürnberg nach Ulm und weiter zum Bodensee verlief. Sie führte bis ins 17. Jahrhundert direkt auf Abenberg zu, und da man die Straße wohlweislich so angelegt hatte, dass die großen Wagen nicht vor Abenberg in einer spitzen Kurve Richtung Wassermungenau abbiegen konnten, mussten sie in die Stadt hinein fahren, die Kutscher am Kirchplatz ihre Wagen wenden und beim Hinausfahren am Oberen Tor Zoll zahlen. Schlau gemacht.

Der Streit um Verkehrsführungen in einer Zeit, in der Deutschland in Hunderte von Kleinstaaten samt deren En- und Exklaven zerteilt war, hatte also einen triftigen materiellen Grund, die Einnahme für Zölle und bewaffnetes Geleit. Dass auch heute noch öffentliche Buslinien oft an Kreis- und Bezirksgrenzen Halt machen, sich Umwege suchen usw., um nicht Orte eines fremden Kreises zu bedienen, hat sicher auch mit Haushaltskassen zu tun, ist aber in einem vereinten Deutschland, gar Europa, lächer- und ärgerlich.

Der Abenberger Nachbarort Kammerstein, der von mehreren Fernstraßen berührt wurde, hat unter dem Markenzeichen *Auf historischen Wegen* ein paar Wanderwege in seinem Gemeindegebiet angelegt, an denen man zuweilen auch alte Straßenformationen erkennen vermag. So sollen die wüsten Hohlwege, die dicht nebeneinander vom Heidenberg-Hauptweg ins Tal bei Kammerstein abzweigen, Teile der alten Burgunderstraße gewesen sein. Auch bei Kühedorf kann man sich einen den Heidenberg schneidenden Waldweg heute noch als Teil einer alten Straße vorstellen, und diese Vorstellung kann einem träumenden Spaziergänger den Weg verschönern, ob sie nun der historischen Wirklichkeit entspricht oder nicht. Dass man sich dabei als Verfechter der Langsamkeit eher Begegnungen mit gemächlichen Kutschen und ins Horn schmetternden Postillionen vorstellt als Achsenbrüche und Raubüberfälle ist ja eine ganz andere Sache.

Nicht ganz so alt ist, zumindest hier, der beschilderte →Jakobsweg und vor allem der *AOK-Parcours*, ein Nordic-Walking-Parcours, den die AOK zusammen mit den Gemeinden Büchenbach und Kammerstein, unterstützt von Rosi Mittermaier und Christan Neureuther, wer auch immer die sind, eingerichtet hat. Die Menschen, die es wohl verlernt haben, einfach nur zu gehen oder zu laufen, dürfen dort wählen zwischen einer Jungbrunnen Route, einer Vital Route, einer Aktiv Route oder Fitnessroute und einer Technikroute. Ob diese Routen gut angenommen werden, weiß ich nicht, ansonsten gilt für die Stöckekratzer und plaudernden Hausfrauenaktivistinnen immer noch mein, schon etwas betagtes, Gedicht *nordic walking*:

in meinem lesebuch das delphische rätsel:
welches tier es denn sei, welches da gehe,
zuerst auf vier, dann auf zwei, schließlich,
im alter, auf drei beinen. der mensch
heißt die antwort. wer sonst? nunmehr aber
ist einzuschieben zwischen den zwei-
und den dreibeinern nochmals das vier-
beinige tier. gleichmäßig geht es dahin und
kratzt mit zwei stöcken beharrlich am weg.

Lange dachte ich, Wandern sei deshalb wenig populär, weil man den Wanderern nicht ständig eine kostspielige Ausrüstung aufschwatzen kann. Mit der Erfindung des Nordic-Walking hat man auch dieses Hindernis überwunden.

Wenn ich mal wieder meinen boshaften Tag habe und als Fußgänger von einer stöckekratzenden Frauengruppen überholt werde, oder eben nicht, weil sie nur gemächlich dahin ziehen, nenne ich solche Wege auch gerne ›Schwatzparcours‹. Es ist ja schön miteinander zu plaudern, wenn man sonst den Tag einsam verbringt (Dorfläden zum Tratschen gibt es ja auch nicht mehr), doch warum, frage ich mich, braucht man dazu Stöcke? Nun meinetwegen sollen sie mit Stöcken gehen, ist ja auch gut für Schultern, lasse ich mir sagen, doch wozu braucht man zum Stöckegehen einen Parcours, als könne man sich nicht eigene Wege wählen? Und wenn man schon lieber auf vorgezeichneten Bahnen geht, warum ist dieser dann von der AOK angelegt, als ob man dort nichts anderes zu tun hätte? Wieder einmal, wenn ich die Welt um mich betrachte: Fragen über Fragen.

Eine weitere Frage wäre auch, warum man unbedingt solche Parcours abseits von Orten anlegt, so dass die Nutzer erst wieder mit dem Auto hinfahren und Energie vergeuden müssen. Mein besonders bösartiger Vorschlag besteht darin, solche Energievergeudungswillige in einem dort installierten menschengerecht gebauten Hamsterlaufrad laufen oder walken zu lassen, was wohl den selben gesundheitlichen Effekt hätte, doch auch die Möglichkeit gäbe, dabei wiederum Energie zu gewinnen, zumindest so viel, dass man sich energietechnisch eine Autofahrt hin zu den Parcours leisten kann. Eine Nullsummenrechnung wäre so anzustreben. Nur mit der Unterhaltung würde sich das vielleicht etwas schwieriger gestalten.

Um auch mal etwas Positives zu sagen: Man hat auch einen *Sagenweg* im Heidenberg angelegt, der zieht sich quer durch das gesamte Gebiet und bietet an über zwanzig Stationen Hinweise auf Ortssagen, zum Teil am genannten Schauplatz dieser Erzählungen. Viel Vergnügliches ist dort zu lesen, etwa darüber, dass sich einst Schlotfeger gegenseitig totkitzelten oder →Klöße sich in Pferdeäpfel verwandeln. Im Gegensatz etwa zum esoterisch aufgeladenen →Druidenstein genießt man hier in frei wählbarer Reihenfolge ein paar eher heitere Erzählstunden. Empfehlenswert.

Nicht nur →Exulanten in Kammerstein haben mich beim Heidenberg-Ausflug an Österreich erinnert, auch die Kürbiskernmühle im Ortsteil Neppersreuth. Seit Jahrzehnten schon bin ich nämlich ein Freund steirischen Kürbiskernöls und der Landschaft, in der es zu Hause ist, der südlichen Steiermark, direkt an der slowenischen Grenze, also ganz nahe der südsteirischen Weinstraße, der toskanischten aller so genannten ›Toskanen‹ nördlich der Alpen. Dort bin ich anfangs der 80er Jahre und dann immer wieder umhergegangen, morgens, als noch Nebel sich über die Täler mit ihren Kürbisfeldern breiteten, und alte Frauen auf dreibeinigen Schemeln inmitten der Felder saßen und die Kürbisse aushöhlten, die dann auf den Feldern liegen blieben. Da bin ich hinaufgegangen in die unvergleichliche Weinhügellandschaft direkt an der Grenze, die damals noch eine Grenze zu Jugoslawien war, wo schon die Sonne wärmte und man gegen Mittag vor den Heurigenschenken sitzen konnte, mit weitem Blick über runde Weinhügel, auf denen jeweils ein Gehöft mit einem Klapotez, dem hölzernen Vogelschreckrad, stand oder ein solitärer Baum, und der Blick schweifte weiter über die slowenischen Weinberge um Marburg und die Windischen Bühel mit ihren Kapellen auf den Hügeln. Dort an der Südsteirischen Weinstraße, hoch über den Kürbisfeldern, habe ich das wunderbare Öl entdeckt und lieben gelernt, das man dort zu nahezu allen Speisen serviert. Noch einige Jahre lang kam ich mir noch als ein deutscher Avantgardist bei der Verwendung des Kernöls vor, ein Schicksal, das mich übrigens auch als frühen, bereits in den 70er Jahren tätigen, Bärlauchsammler ereilte.

Und nun erfahre ich hier vom Kürbiskernöl und suchte nach meiner Pilzwanderung am Heidenberg die Ölmühle auf, die um die Mittagszeit noch geschlossen hatte. Doch hat mir ohnehin all der Kürbiskitsch um das Anwesen herum wenig gefallen: die vielfältigen drapierten Zierkürbisse auf aus Baumstämmen geformten Holzbänken, die kleine Kürbisse um den Hof herum, wie überhaupt die Spielzeugkürbisse weit mehr Verbreitung gefunden haben in fränkischen Landen als die Kürbiszüchtung mit schalenlosen Kernen, die das herrliche dicke, dunkelgrüne rotschimmernde Kernöl hervorbringen. Auch liegt man mit den Kürbissen ja im Trend, und das macht sie mir, die ansonsten von Maden verschont werden, fast madig. Wohin du blickst: Kürbisgerichte, Kürbissuppen. Und dazu eben der Kürbis als kuriose Zierpflanze, als Naturkitsch sozusagen, und die Kürbisse zu Halloween als Zeichen einer Amerikanisierung und, das lasse ich mir noch am ehesten gefallen, denn es ist wohl schon ein älterer Brauch, als Kirchenschmuck am Erntedankfest.

Einen Weg im Heidenberggebiet aber werde ich nicht vergessen, im guten und im schlechten Sinne: Er führt durch einen recht idyllischen winzigen Ort, der in einem ein paar hundert Meter langen von einer Weiherkette durchzogenen Talkessel gelegen ist. Er trägt den

Namen Ungerthal. Als ich dort anlangte, sah ich einen Parkplatz mit ein paar Dutzend Autos, ein großes Gebäude und ein paar große Zelte. Da soll sich einer einen Reim machen, denn ein erklärendes Schild gab es nicht, auch keine dazu passende Sage. Auch, wenn die Zelte auf ein Kinderheim hinweisen scheinen, tippe ich doch auf eines der Tagungshotels, die gemeinhin Autos anziehen und, im scheinbaren Gegensatz dazu, oft in klösterlicher zisterziensischer Abgeschiedenheit liegen. Gar nicht mal so falsch geraten. Denn, zurück in meiner Unterkunft, sah ich auf Google-Seiten nach und wurde in meinen Befürchtungen bestätigt: ein *Hubert-Schwarz-Zentrum* war es also, gegründet von dem nicht weit von hier geborenen Extremradfahrer, Eisenmann, Buchautor und natürlich Mental-Coach. Ich lasse die Werbung der Einrichtung für sich selbst sprechen, es erspart mir die Mühe, solche Worte für eine Satire eigens zu erfinden. So erfahren wir, dass es sich nicht nur um eine »heimelige Herberge« handele, sondern dass es dort auch »ideale Outdoor-Bedingungen im urigen Waldgebiet am Heidenberg« gebe. Es sei der »perfekte Ort, um die richtige Balance zwischen Anspannung und Entspannung zu finden«. Das Motto lautet somit: »Menschen bewegen«, die Umgebung diene »als Inspiration und Ideenquelle«. Einen »produktiven Spirit« gelte es zu nutzen, dafür also hat man ja Sprit verbraucht. Aber in diesem Geiste verzichtet man doch tatsächlich bewusst aufs Fernsehen und Festnetztelefon, und ob in dieser Einöde das Handy funktioniert, bezweifle ich. Trübe Aussichten oder doch vielleicht ein Pluspunkt? Außerdem biete das Zentrum »Rückzugsmöglichkeiten«. Mit meinem Klostertipp lag ich also gar nicht so falsch.

Und was die Indianerzelte anbelangt: Das sind sogenannte »Tipis«, und zwar beheizbare mit offenen Feuerstellen in der Mitte, massiven Holzböden und stilechter nordischer Dekoration wie Windlichter, Decken und Kissen mit Elchmotiven, Rentier- und Schaffellen, was eine einzigartige Atmosphäre schaffen soll. Und das ist immer noch nicht alles: »Nordischer Flammlachs – aufs Brett gespannt und am offenen Feuer gebraten – Spanferkel vom Spieß oder ein rustikales Grillbuffet runden jedes Tipi-Event kulinarisch überzeugend ab«. Bon appetit.

Eine bescheidene Frage am Schluss: Lieber Herr Schwarz, warum bringen sie als alter Radler ihre werte Kundschaft nicht wenigstens dazu, mit dem Rad anzureisen, statt dass sie mit ihren Limousinen den Blick auf den Weiler im idyllischen Tal zerstören.

Denn der Heidenberg ist wirklich schön.

Hexen

Möge niemand daher kommen und sagen, bei ihnen habe es keine Hexenverbrennungen gegeben. Selbst im lieblichen Abenberg sind solche urkundlich bezeugt. So wurden im Jahre 1590 »6 Unholdinnen«, wie es hieß, verbrannt, und zwar unter maßgeblicher Mitwirkung des berüchtigten *Trudenbanners von Abenberg* Friedrich Stiegler, der später in Nürnberg selbst enthauptet wurde. Im Jahre 1622 wurde sogar der Abenberger Ratsherr Caspar Adelmann als Hexer verbrannt, auch eine Klosterfrau vom Marienburg war zumindest der Hexerei angeklagt. Die Bewohner der Losenau, heute Louisenau, waren verpflichtet, nicht nur Materialien für den Galgenbau, sondern auch Holz zu Hinrichtungen auf dem →Galgenberg herbeizuschleppen, was auf die Errichtung von Scheiterhaufen schließen lässt. Genaueres entnehme man der ausführlichen Materialsammlung des Schwabacher Oberlehrers Haag, der die letzten Jahrzehnte seines Lebens auf das Sammeln und Aufbereiten historischer Dokumente verwandt hat.

Hexe (zu Deutsch etwa: Hecken- oder Zaunsitzerin / Zaunreiterin) war zu Beginn der Hexenprozesse eine bereits verloren gegangene Bezeichnung, der Ausdruck war vielerorts verdrängt worden von dem Wort *Drude* (Trude), was wiederum von »treten« kommen soll, weil sie einen Drudenfuß beim Betreten des Hauses hinterlassen. Solcher Aberglaube wurde im Mittelalter von der Kirche verfolgt, bis dann die Inquisition in der frühen Neuzeit den Ausdruck Hexe wieder einführt, nunmehr im verengten Sinne für leibhaftige Menschen, denen unheilvolle Eigenschaften zugeschrieben werden. Hexen, wozu auch vereinzelt Männer zählten, wurden verantwortlich gemacht für allerlei Krankheiten von Menschen und Vieh, ebenso für schlechte Ernten und anderes Unbill. Bekannt sind auch die grundlosen Anzeigen, die peinliche Befragung, die unter der Folter erzwungenen Geständnisse.

Im 16. Jahrhundert, also weit in der sogenannten Neuzeit, was wiederum ein Beispiel dafür ist, dass man bei uns gerne alles, was irgendwie ›früher‹ war, fälschlicherweise dem Mittelalter zuschreibt, war der Höhepunkt der Hexenverfolgungen – auch in Franken – und das nicht nur in den katholischen Teilen. Bekannt wurden mehrere Hexenprozesse in Mittelfranken, vor allem in Schwabach, auch in Emskirchen und Langenzenn. Der Trutenhenker Meister Friedrich ließ vier, sein Nachfolger Hans Eberhard gleich 23 Frauen verbrennen. Doch die Zahlen der in katholischen Orten verbrannten Hexen lag bedeutend höher: in Ellingen wurden bis zum Jahre 1590 siebzig Personen hingerichtet, im Hochstift Bamberg sechshundert, im Bistum Würzburg insgesamt wohl über tausend. Der dort lehrende Jesuit Friedrich von der Spee war Zeuge von über zweihundert Hinrichtungen, auch von Kindern, und verfasste 1631 ein Anklageschrift gegen die Hexenverfolgung, die Ende des Jahrhunderts dann auch ihrem Ende zuging.

Ein Beispiel aus der Abenberger Gegend soll noch genannt werden, ohne dass so recht klar wird, was die Angeklagte genau getrieben hat. Von einer Margaretha Hager aus Spalt liegt ein (wohl unter Folter erzwungenes) Geständnis vor, in dem es heißt, sie »*bekhent Zaubereyen, Trutten und Unhold und Gespenß von Margaretha Hansen Scherers hausfraue zu Stockheim, gelernt zu haben, solche an unvernünftigen thieren geübt und den wirten in die keller bey nechtlicher weyl gefaren zu sein und den wein darauß geholt zu haben*«. Sodomie und Weindiebstahl als Hexerei?

Ein Nachtrag zur Walpurgisnacht 2014 auf der Abenberger Burg: Kaum ein Zweifel dürfte daran bestehen, dass die Hexenverfolgungen zu den größten Verbrechen in Deutschland vor den Judenmorden der Nationalsozialisten zählen. Während letztere zu recht vor allerlei Verwertungszusammenhängen geschützt sind, gibt es weiterhin und vermehrt allerlei Hexenspiele, Hexenevents, auch Hexen in Veranstaltungen des →Hauses fränkischer Geschichte mit dem ach so lustigen Programmpunkt *Gaudium rund ums Hexenfeuer.* Sicher denkt jeder dabei an Hexen als Märchen- und Sagenfiguren, als komische Alte, bestenfalls an emanzipierte Frauen und niemand an ein Hexenfeuer, in dem zigtausend von ›Hexen‹ verbrannt wurden. Wenn es schon Historikerinnen nicht als unpassend empfinden, wer dann?

Hochzeiten

Es kommt der Sommer allgemach.
Die Schwalben fliegen um das Dach,
Derweil schon manche stillbeglückt
Im Neste sitzt und fleißig drückt.
Zugleich tritt aus dem Gotteshaus
Ein neuvermähltes Paar heraus,
Das darf sich nun in allen Ehren
Getreulich lieben und vermehren. –

Wilhelm Busch *Der Türmer*

Auch wenn Wilhelm Busch, wie bereits erwähnt, nicht auf Burg Abenberg geweilt hat, und auch der Turmschreiber kein Türmer mehr ist, ist die Burg Abenberg dennoch ein Hochzeitsort geworden. Es gibt im ehemaligen Stilla-Kämmerchen ein Trauzimmer mit Balkon, in dem echte Standesbeamte Trauwillige trauen, es gibt wohl auch im Burgkirchlein zuweilen Hochzeiten und es gibt vor allem im Schlosshotel Hochzeitsevents.

Und da steht man als alter 68er, die einmal die Abschaffung der Hochzeiten als »bürgerliche« Veranstaltungen anstrebten, die Heiratswillige als Spießer denunzierten, nunmehr staunend vor einem völligen ›Roll-back‹. Nicht nur, dass mehr geheiratet wird als je zuvor, weil eine einzige Hochzeit pro Leben ja nicht ausreicht, sondern wie geheiratet wird! Mit allem Pomp und Gloria, mit seltsamen Bräuchen, die man sich aus allerlei Traditionen zusammengeklaubt, zum Teil aber auch neu kreiert hat, mit Hochzeitskutschen und weißen Tauben, weißen Brautkleidern aus speziellen Läden, mit viel ›Blendax-Lächeln‹, wie wir es einst nannten, digitalem Fotografieren und vor allem mit viel Kommerz.

Den Höhepunkt der Abenberger Hochzeits-Events im Jahre 2013 konnte der Turmschreiber jedoch nicht live erleben, dafür aber in Begleitung einiger Nebendarsteller (der Belegschaft des Burghotels nämlich) im Fernsehen verfolgen, und zwar bei der TV-Sendung der Reihe *Vier Hochzeiten* in VOX am 15. 10. 2013. Die Idee der Sendung besteht, soweit ich es als völliger Ignorant von TV-Serien verstanden habe, wohl darin, dass verschiedene Phasen der Hochzeitsvorbereitungen gezeigt, von einem professionellen Hochzeitsberater kommentiert und von einer Jury bewertet werden. Die Paare mit der höchsten Punktzahl müssen dann wohl oder übel eine Kreuzfahrt antreten.

Den Anfang, Kauf und Bewertung des Brautkleides für die nicht mehr ganz junge, wohl zum dritten Male heiratende Braut Edith, habe ich nicht mehr mitgekriegt, dann jedoch, nach der ersten Werbepause, die Heirat in der Abenberger Jakobuskirche. Der vom Fernsehen in Auszügen übertragene katholische Gottesdienst fiel beim Hochzeitsberater und der Jury glatt durch, er dauerte, weil die ganze übliche katholische Hochzeitsliturgie von Pfarrer Brand durchgezogen und noch dazu einige Reden der Freunde des Brautpaares gehalten wurden, fast anderthalb Stunden, viel zu lange also in unserer Zeit, in der nach wenigen Minuten schon eine Werbepause oder andere geistige Abschaltpausen verlangt werden. Also, mehr anstrengen Herr Pfarrer, nicht den ganzen Betrieb aufhalten! Vor allem aber war die zentrale Frage nicht gelöst: Darf man sich in der Kirche küssen? Der Pfarrer hatte es nicht extra erlaubt, und das Brautpaar hatte offenbar sich nicht getraut zu fragen; also große Unsicherheit allenthalben und Punktabzug.

Danach sah man die übermäßig lange Limousine und den Aufstieg der weißen Tauben. Ob Böller abgeschossen wurden, weiß ich nicht mehr, in diesem Zusammenhang erinnere ich mich jedoch gelesen zu haben, dass man im Jahre 1794 in Abenberg das Böllerschießen verboten hatte, was aber wohl heute niemanden mehr abhalten würde.

Nach der nächsten Werbeeinblendung kam das Hochzeitsessen im Burghof dran. Der oder das Originalevent hatte ja im warmen Juli stattgefunden: Koch und Belegschaft des Hotels freuten sich über eine gute Bewertung, auch die Suppe kam bei den Probeessern aus der Jury ganz gut weg, während der Koch beim Anschauen des Films doch verriet, dass gerade diese zu zwei Dritteln zurück gekommen war. War ja wohl auch ein wenig heiß für eine Suppe! Als Franke wunderte ich mich im folgenden, dass sich die TV-Leute ihrerseits darüber wunderten, dass es im Sommer Knödel gegeben habe, als ob es in Mittelfranken je etwas anderes als Klöße gäbe; also von meiner Seite ein glatter Punktabzug für das TV-Team wegen mangelnden Regionalbezugs. Der Kuchen kam gut weg, die selbstgebackene Hochzeitstorte in Turmform und andere Torten auch. (Nur bei den für den Fall des vollständigen Verzehrs der selbstgebackenen Torten vorgesehenen Ersatztorten flüsterte der Koch: »Da wird sich der …«, es folgte der Name des Nürnberger Tiefkühltortenherstellers, »aber freuen«.)

Am Abend trat eine semiprofessionelle Sängerin auf, wohl eine gute Bekannte des Brautpaars, die vermutlich das erste Mal vor einer Fernsehkamera stand und sich entsprechend in Szene setzte und auch beim Hotelpersonal zum zweiten Male einen unfreiwilligen Lacherfolg hatte. Nicht mal die Jury konnte sich mit der Darbietung anfreunden, versuchte aber mit gebotener Zurückhaltung ihr Missfallen zu äußern. Schließlich gab es noch ein Feuerwerk, was eigentlich auf der Burg verboten ist, zumindest ohne Sondergenehmigung nicht über die Burgmauer hinaus sichtbar werden darf.

Und das Ergebnis: Alles in allem gab es eine gute Bewertung, besonders für die ›Location‹. Ich habe es den unfreiwilligen Komparsen auf der Burg gegönnt. Es sei furchtbar anstrengend gewesen, sagte mir der Kellner, ständig vor den Kameraaugen zu agieren, nichts zu verschütten, immer zu lächeln. Ich denke, alle haben ein Sonderlob und eine Belohnung vom Chef erhalten und verdient.

Ein paar Tage später traf ich kurz Pfarrer Brand, den ich als Gast meiner ersten Lesung schon kannte, und fragte ihn – was mir die ganze Zeit auf der Zunge gelegen hatte – nach seiner Rolle bei dem Event und dem TV-Film, und er gestand, er habe nicht gewusst, was da auf ihn zukommen würde. Fast hätte ich ihn bedauert, aber dann fragte ich mich doch, ob ein Pfarrer nicht den ganzen täglichen Abfall der Kitschkultur beobachten muss, um seine Pfarrkinder und deren säkularisierte Gefühlswelt zu verstehen? Und muss sich die Kirche denn überall und für alles einspannen lassen, um nur keines dieser Pfarrkinder zu verlieren?

Dennoch wollen wir nicht unbesehen heutige Bräuche verdammen, dafür alte ebenso unbesehen hochleben lassen. Das Foto eines Hochzeitswagens beweist, dass man auch damals schon zeigen musste, was man hat. Und dass Hochzeiten schon immer viel Geld kosteten, aber auch ein wenig Geld ins künftige Haus brachten, zeigt ein Hochzeitsgeschenkzettel aus der Region, den ich im *Keuperbuch* von Friedrich Merkenschlager gefunden habe:

»für

Georg Valentin Oeder von Hauslach und

Maria Magdalena Rühlin von Plöckendorf

welche am 5. Juni 1821 in hiesiger Pfarrkirche von Herrn Pfarrer Hohbach getraut worden sind ... Das Hochzeitmahl wurde bei Herrn Gastwirt Graser abgehalten, wofür 1 Gulden bezahlt wurde.

Nachstehende Personen haben den neu angehenden Eheleuten geschenkt:

Stephan Selz 2 Gulden 42, Christoph von Mäbenherg 2 Gulden 42, Barbara Stollin 1 Gulden 12, Wolfgang Volkert 1 Gulden 12, Andreas Heiden 2 Gulden 42, Joseph Sehübel von Zell 1 Gulden, Lohmüller 1 Gulden, Röttenbacher 1 Gulden 4, Lacher 1 Gulden 21, Georg Michael von End 1 Gulden, Leonhard Friedlein 2 Gulden, Michael Lades 1 Gulden 21, Georg Michael Schwendner 1 Gulden, Matthias Gussner 1 Gulden 12, Matthias Tiegel 1 Gulden, Andreas Eder 1 Gulden 3, Michael Schweiger 1 Gulden 20, Karl Merkenschlager 1 Gulden, Herr Graser 2 Gulden 1, Martin Braun 1 Gulden, Conrad Katheder 1 Gulden, Paul Böhm 1 Gulden, Balthasar Wissmeier 1 Gulden 12, Baithas Riedel 1 Gulden 12, Michael Kreuzer 1 Gulden 12, Lenhard Volkert 1 Gulden 24, Leonhard Schweiger 2 Gulden 42, Michael Rühl 1 Gulden 36, Adam Herrmann 1 Gulden 36, Friedrich Pappler 2 Gulden 42, Conrad Miltner 2 Gulden, Martin Dirschner 2 Gulden, Karl Beerdolt 1 Gulden 24, Adam Wolkersdorfer 1 Gulden 12, Peter Haberkern 1 Gulden, Matthias Eder 1 Gulden 36, Paul Klauber 1 Gulden, Georg Adam Wechsler 1 Gulden12, Magdalene Ederin und Catharina Heiden einen gläsernen Krug, Christian Striedinger 1 Gulden 12, Magdalena Treiber 1 Gulden, Maria Barbara Volkertin zwei Zinnteller, Magdalena Böhmin 1 Gulden, Barbara Öderin 1 gläsernen Krug, Michael Bauer 1 Gulden 21, Johann Martin Volkert 2 Gulden 42, Andreas Heiden 2 Gulden 42.

Gefertigt Georgensgmünd, den 6. Juni 1821, Vogtherr, Schullehrer.«

Hopfen

Hopfen als Pflanze kannte ich nicht aus meiner Kindheit, auch nicht dort, wo er in Hohlwegen wild wuchs, und hörte ich davon, so stellte ich ihn mir als etwas recht Kleines vor wie die kleinen viereckigen schwarzen Malzbonbons auch, wo doch so viele Leute beides zusammen verloren haben, wie man ständig zu hören kriegte. (Diese Geschichte müssen Sie liebe Leserinnen aber nicht glauben.)

Hier aber, nicht weit von Abenberg, sind wir in einem Zentrum des Hopfenanbaus, und auch Abenberg selbst war über viele Jahrhunderte hinweg ein Hopfenanbauort. Seit 1407, wo anders lese ich seit 1380, sind Hopfengärten in der Stadt und im Amt Abenberg bezeugt. Ein Vorteil des Hopfenanbaus in jenen Zeiten bestand darin, dass die Hopfengärtner dem Herrn, also dem Bischof, keinen Zehnten davon abgeben mussten, weil zur Zeit der Aufstellung der Zehntgesetze eben noch kein Hopfen angebaut wurde und die Mühlen der Gesetzgeber langsam mahlten.

Es dauerte nicht mehr lange, bis der neue Hopfenanbau in Abenberg wie auch in Spalt den Weinanbau verdrängte, und eine Statistik sagt, dass es noch im Jahre 1932 in der Abenberger Flur 175 Hopfengärten gab, von denen allerdings die meisten nur im Nebenerwerb bearbeitet wurden. Heute ist, abgesehen von ein paar Hopfengärten bei der Weißen Marter hinterm Gewerbegebiet und ein paar mehr rings um Obersteinbach und einigen anderen Ortsteilen nichts mehr davon übrig geblieben.

Auf dem Lehrpfad *Land Erleben* am Beginn des *Grünen Pfads* von Obersteinbach nach Beerbach findet man eine Tafel, die die einzelnen Arbeitsschritte beim Hopfenanbau erläutert, als da sind: das Aufhängen der Drähte im Frühjahr, einer pro Hopfenstock, das Schneiden des Hopfens mit einer Drehscheibe, drittens das Ausputzen der Triebe. Die drei stärksten Triebe werden, Draht nach rechts, angeleitet, zwei als Ersatz behalten, die übrigen abgeschnitten. Ende August werden mit einer Schere vor einem Traktor die Reben unten abgeschnitten und mit einem Reißgerät oben von der Anlage abgetrennt. Die Reben werden gepflückt, mit einem Dolch von Blättern und Stängel getrennt, die Blätter gehäckselt. Die Blüten werden nun bei 60 Grad sechs Stunden lang gedarrt, dann in Säcke gefüllt.

Auch, wenn man, ohne je dabei gewesen zu sein, nicht alles versteht, was hier aufgeführt ist, kann man sich aus dieser Aufzählung den Hopfenanbau als eine recht mühselige und ermüdende Angelegenheit vorstellen. Weniger mühsam, aber manchmal ebenso ermüdend ist dann das Trinken der Hopfenprodukte.

J

Jakobsweg

Der Jakobsweg (auch Jakobusweg genannt) ist, sagen wir es im Stile eines Lexikons, ein bedeutendes global agierendes Geschäftsunternehmen, das seit etwa dem Jahre 1100, also wenige Jahrzehnte nach Vollendung der großen Kathedrale in Santiago de Compostela, in größerem Umfange international tätig ist. Es wurde in erster Linie von Bischof (später Erzbischof) Diego II. Gelmírez Santiago des Compostela begründet, der die Gelegenheit nutzte, dass der Land-Pilgerweg nach Jerusalem nicht mehr offen stand, um Pilger in seine Stadt zu bringen. Bald gab es Reiseführer, und bis heute ist maßgebend für die letzten 900 km Wegstrecke immer noch der *Codex Claixtus*, den der oben genannte Erzbischof zusammenstellen ließ. Im 13. Jahrhundert erfuhr San Jakobus, Schutzpatron der Pilger, Hutmacher, Apotheker, Arbeiter, Wettermacher, aller Spanier, zudem auch noch eine bei uns wenig beachtete und heute eigentlich kaum akzeptable, sehr unkorrekte Veränderung, wie sie in vielen spanischen Kirchen gezeigt wird. Er wurde zum Jakobus Matamoros, zum Maurentöter, ja Maurenschlächter, im Dienste der Wiedereroberung Spaniens durch die Christen, und das noch aufgrund einer gefälschten Urkunde.

In den folgenden Jahrhunderten kam die Wallfahrt des Öfteren beinahe zum Stillstand. So erreichten 1970 gerade mal 68 Pilger auf dem Jakobsweg des Jakobsgrab. Eine bislang letzte Revitalisierung unter neuen Vorzeichen erfolgte Ende des 20. Jahrhunderts. Dabei sind die christlichen Motive in den Hintergrund getreten. Der Wunsch nach individueller spiritueller Erfahrung, verbunden mit sportlicher Herausforderung, führte zu einer enormen Steigerung der Pilgerfrequenz. Bücher bedeutender Autoren wie Paulo Coelho und (wesentlich besser) Cees Nooteboom, bzw. bekannter Persönlichkeiten wie Shirley MacLaine oder in Deutschland Hape Kerkeling trugen zur weiteren Steigerung bei, wie auch eine ständige Erweiterung des Wegenetzes. Längst wurden, vor allem von der genannten Hollywood-Diva, dem christlichen Heiligen noch allerlei anderes Spirituelle hinzugefügt.

Auch eine heute in Jakobskirchen und -kapellen am Weg ausliegende, somit doch zumindest halboffizielle Schrift beschreitet einen Weg, der hinweg führt von christlichen Gedanken wie Demut, Bescheidenheit und persönlicher Zurückhaltung. Es heißt darin:

»Es ist die Suche nach einem persönlichen Lebenshöhepunkt, nach Sinn, Erfüllung und Heil, welche die Menschen seit dem Mittelalter als Pilger auf den Jakobsweg lockt ... Pilgern auf dem Jakobsweg nährt sich auch heute von der Sehnsucht nach Erfüllung und ganzheitlichem Heil-Sein. Oft führen Übergangssituationen oder Lebenskrisen dazu, dass Menschen eine Auszeit nehmen, um unterwegs nach Sinn und Orientierung zu suchen. Die Sehnsucht nach einem erfüllten Leben zieht sie vorwärts und macht sie bereit, sich auf das Wagnis eines Veränderungsprozesses einzuladen. Pilgern ist ein Ritual für einen Entwicklungsweg. Er lädt ein vertrauend vorwärts zu gehen und zuzulassen, dass wir wandernd uns verändern.«

Selbstfindung, Therapie statt Gottvertrauen also. Und selbst dort, wo Gott ins Spiel kommt, geschieht dies in einer Sprache, die sich von religiösen Traditionen entfernt und eine Transformation zum zeitgemäß Kitschigen, auf jeden Fall zum Individuell-Spirituellen, erfährt:

»Pilgern erdet. Es verbindet mit der Schöpfung. Die Sinne werden wach. Wir hören, riechen, fühlen und erleben uns als Teil des großen, universalen Schöpfungsraumes, den Gott uns geschenkt hat. Die Schritte werden zum Geh-bet. Pilgern lädt ein zur Ruhe zu kommen, die Stimme der Hoffnung neu zu hören und nach einer weiten, offenen Spiritualität zu suchen, deren Raum vom Dach des Himmels begrenzt und deren innere Bewegung auf einen erfüllenden Alltag hin orientiert ist.«

Dass die Wirklichkeit diese Schrift noch übertrifft, zeigt der Juni-Eintrag einer Pilgerin in ein Pilgerbuch, ob in Kammerstein oder der Abenberger Jakobuskirche wird nicht verraten, wo es heißt: *»Gib mir neue Türen und neue Wege, um der Kälte zu entfliehen und neue positive Energien ausleben zu dürfen. Ich habe nur Zeit bis Anfang August, ich hoffe, du hilfst mir.«* – Aber subito! sonst …

Wenden wir uns dem heimischen Wegen zu. Versuche im Internet, einen fränkische Jakobsweg zu finden, sehen sich der Schwierigkeit gegenüber gestellt, dass ein halbes Dutzend davon angeboten werden, darunter eben der von Schwabach Richtung Schwaben, der so in etwa dem alten Handelsweg folgt und auch Abenberg berührt. Dort wird von den Wanderern oft Station gemacht, wie ich mir habe sagen lassen, und zwar nach dem Besuch der Jakobuskirche, denn in und an der Kirche sind gleich drei Jakobusfiguren und fünf Pilgermuscheln zu sehen. Den oft abgebildeten Jakob mit Pilgerhut musste ich allerdings lange suchen, bis ich ihn hoch oben an der Spitze der Kanzel fand.

In der Jakobuskirche in Abenberg habe ich ebenso wie in der neuen Jakobuskapelle, einem raffiniert einfachen neuen Holzgebäude bei Kammerstein am Rande des Heidenbergs, wider Recht und Sitte einen Stempel in die Hand genommen und mir einen Abdruck in mein Notizbuch geprägt, ohne den Weg auch nur ein gehöriges Stück gegangen zu sein. Urkundenfälschung, Betrug (wenn ja, an wem?) oder? – Die andere Frage: Wenn ich die Strecke gegangen wäre, hätte ich als Ungläubiger dennoch das Recht zum Stempeln gehabt? Doch dem forschenden Autoren ist alles recht.

Ich beschloss zunächst, ein zwei Tage auch hier mal den Weg zu gehen, wohl wissend, dass ich in diesem Fall dann schwerlich als ein anderer zurückkommen würde, wie ich es durchaus bei einigen Wanderungen auf selbst zusammengestellten Wegen schon erfahren habe. Just for fun also. Doch jetzt, wo ich den Weg nicht mehr unmittelbar vor Augen habe, revidiere ich diesen Beschluss. Warum sollte ich gerade hier gehen? Alle Wege führen nach Rom. Wenn ich das wörtlich nähme, gäbe es für mich zumindest die *Via Francigena* mit teils schöneren Landschaften und besserem Essen am Rande, die noch dazu weniger überlaufen ist. Aber ich will ja gar kein Ziel erreichen, weder Rom, noch Santiago, gar Jerusalem.

Ich liebe es, zu gehen, liebe es unterwegs zu sein, zu schauen, Gedanken schweifen zu lassen. Was brauche ich das Ziel? Ich erinnere mich, einmal in den Alpen gegangen zu sein, einen langen mühsamen Aufstieg bis zur letzter Kuppe, hundert, zweihundert Meter vor dem Gipfel, zu dem ein nur mehr mäßig steiler Weg führte. Ich blieb da unten ein wenig sitzen, sah in die Landschaft um mich und kehrte danach um, ohne den Gipfel erstürmt zu haben. Selbst das Aufgeben einer festen Route, das sich Verführen lassen von Schönheiten am Weg, das Abschweifen, meinetwegen auch das Hängenbleiben im Biergarten statt des Weiterwanderns, obwohl noch Kraft genug hierfür vorhanden wäre, ermöglicht ein Gefühl von Freisein. Ein gutes Gefühl ist es, ein Ziel nicht erstrebt, erreicht zu haben, nicht aus Gründen der Erschöpfung, der fehlenden Überwindung, sondern weil man den Augenblick genießen möchte. Das ist eine Art des Gehens, die mir auf dem Leib geschnitten ist.

Ich sehe im Film die Menschen, die das Jakobsgrab erreicht haben, ihre überschwänglichen Gefühlsäußerungen, Umarmungen und Tränen. Physiologisch und psychologisch erklärbar. Echt? Wiederholbar? Zwangsläufig? Nachhaltig? Meinetwegen alles zusammen. Ich aber muss nicht dort gehen.

Jean Paul

Jean Paul war meines Wissens nie in Abenberg. Doch hat man im Jahr meiner Turmschreiberei seinen 250 Geburtstag gefeiert, er ist hier also mehr eine Zeit- als eine Ortsmarke, wenn ich seiner gedenke, so wie man in früheren Zeiten die Jahre nach der Regierungszeit der Könige oder der Amtszeit der Päpste bemessen hat. Also könnte es einmal in meiner Biographie heißen: »Im Jahre des 250. Geburtstages von Jean Paul war er Turmschreiber zu Abenberg.« (Man könnte natürlich für die Abenberger auch sagen: »In dem Jahr, in dem die Spalter Straße aufgegraben war.«)

Jean Paul hat keinen Internetanschluss mit Google und keine elektronischen Speichermedien zur Verfügung gehabt. Infolgedessen hat er hunderte von Zettelkästen mit Notizen aus Büchern angelegt, dabei sein ganzes großes angelesenes Wissen alphabetisch nach Stichworten geordnet, ist also insofern ein Vorläufer auch dieses Zettelwerks.

Und er ist mir auch sympathisch als ein Freund kleiner Orte. Wie heißt es doch in seiner *Selberlebensbeschreibung*: *»Lasse sich doch kein Dichter in einer Hauptstadt gebären und erziehen, sondern womöglich in einem Dorfe, höchstens in einem Städtchen.«*

Und wenn auch Abenberg kein Dorf ist, sondern ein ansehnliches Städtchen, so soll noch Jean Pauls Lob des Dorfes, seines Kindheitsdorfes Joditz in dieser *Selberlebensbeschreibung*, sich anschließen:

»Aber im Dorfe liebt man das ganze Dorf und kein Säugling wird da begraben; ohne daß jeder dessen Namen und Krankheit und Trauer weiß; Joditzer haben sich alle ineinander hineingewohnt und hineingewöhnt; – und dieses herrliche Teilnehmen an jedem, der ein Mensch, welches daher sogar auf den Fremden und den Bettler überzieht, brütet eine verdichtete Menschenliebe aus und die rechte Schlagkraft des Herzens. Und wenn dann der Dichter aus seinem Dorfe wandert, bringt er jedem, der ihm begegnet, ein Stückchen Herz mit und er muss weit reisen, eh er endlich damit auf den Straßen und Gassen das ganze Herz ausgegeben hat.«

Jetzt habe ich etwas getan, was ich nicht wollte: Ich habe Jean Paul als Idylliker gezeigt, genau so, wie man sich ihn gemeinhin vorstellt, aber das ist nicht einmal die halbe Wahrheit. Er war auch ein scharfer Satiriker, wie überhaupt Satire und Idylle so gut zusammen passen, dass ich mir auch wünschte, dass ein Leser dieses Büchleins meinte, sie kämen auch hier nebeneinander vor.

Und soll ich den Abenbergern wünschen, miteinander solch ein Verhältnis zu haben, wie es Jean Paul von den Leuten aus seinem Kindheitsort Joditz bei Hof erzählt hat, dass jeder von jedem weiß? Nicht immer führt so etwas zur »verdichteten Menschenliebe«. Einen Schandmast habe ich fotografiert, an dem ich mehrmals vorbeigegangen bin. Für den Fall, dass es das Bild nicht deutlich genug zeigt, es steht darauf geschrieben: »Hier wohnt die Ratsche«.

K

Kärwa

Eine Allerweltskärwa soll es sein in Abenberg, in Spalt und auch gleichzeitig noch in einer Reihe anderer katholischer Gemeinden des Bistums Eichstätt – gemäß einer alten Verfügung, mit der wohl vermieden werden sollte, dass die männliche Bevölkerung Woche für Woche jeweils durch Kärwabesuch in einem anderen Ort ein paar Tage lang außer Gefecht gesetzt ist. Zunächst, als ich dies hörte, verstand ich allerdings Allerwertskärwa, weil man, so dachte ich, bei jedem Wirt zugleich feiert. So aber feiert man in aller Welt, d. h. im gesamten Bistum am gleichen Wochenende.

Das erste, was mich auf das kommende Ereignis hinwies, waren die Kichla beim Rockerbäck und bei meiner Hauswirtin, die sie mir schon am Donnerstag vorbei brachte. Noch früher, am Dienstag nämlich schon, hatte man die Hauptstraße gesperrt und Busse umgeleitet und an den Eingangsstraßen wiesen Schafattrappen als Erinnerungen für nicht mehr zum Einsatz kommende Kärwabetzen auf das Ereignis hin.

Am Samstag ging es dann los, genauer gesagt, bereits am Freitagabend mit DJ Roland für die Jugend. Einiges an altem (?) Brauchtum hat sich wohl erhalten, besonders – hier wie überall – diejenigen Bräuche, die sich mit dem Biertrinken vereinen lassen. Dazu gehören die Kärwaboum und das Aufstellen des Kärwabamms durch selbige. Er findet in Abenberg aber nicht in der Ortsmitte, wie es sich eigentlich gehört, sondern ausgelagert am DJK-Platz im Wiesengrund statt.

Wir gingen zum DJK-Platz. Um 15 Uhr sollte das Aufstellen des Baumes beginnen, nach einer Verlautbarung des Bürgermeisters, um

16 Uhr nach einer Zeitungsmeldung, oder auch umgekehrt. Im Ort selbst war kurz vor drei nichts los, keine der Bratwurstbuden in der Hauptstraße hatte geöffnet, und am DJK-Platz war trotz des sonnigen Wetters ebenfalls tote Hose. Lediglich die für den Baum bereits ausgehobene Grube stand als gähnendes Loch bereit. Wir gingen also wieder zurück, sahen uns im *Haus der Bilder* die ausgestellten Rahmenfüller und künftigen Wandverzierungen der Eigenheime an, und waren um vier wieder zur Stelle, um das Baumaufstellen zu beobachten. Drei oder vier andere Leute waren auch schon da und jemand von ihnen sagte, bis halb fünf könnte es so weit sein, dass die Kärwaboum einträfen. Zu dieser Zeit kamen sie dann auch, ohne sich durch Musik anzukündigen, und zwei Fahrer übten sich zunächst in der Kunst, den Traktor, der den geschmückten Wagen der Kärwaburschen zog, und den Traktor mit dem langen Anhänger, auf dem der Baum lag, durch einen schmalen Eingang im Süden auf das Gelände zu manövrieren. Es klappte. Die Kärwaburschen in weißem Hemde und Halstuch und – siehe da – auch einige Mädchen stiegen vom mit Zweigen verhüllten Wagen und gingen zunächst mal zur Seite, um das zuvor getrunkene Bier wegzubringen.

Irgendwann begaben sie sich danach auch an die Stelle, wo der Baum aufgestellt werden sollte. Dieses ist eine Aktion, die sowohl die addierte, aber durch den Alkoholgenuss verminderte, Kraft aller braucht wie auch eine Strategie. Letztere beruht auf angewandten mathematischen und physikalischen Gesetzen, in der Praxis jedoch vor allem auf Erfahrung, so wie auch die Kochkunst auf Chemie, mehr jedoch auf praktischer Erfahrung beruht. Der Baum mit den bis auf den letzten Meter unter der Spitze abgeschälten Zweigen wird dann auf dem Wagen zur Grube gefahren, und es kann losgehen. Er hängt etwa mit dem letzten Drittel über den Wagen hinaus, so dass er gleich eine lichte Höhe zum Unterfassen besitzt. Oberhalb der Mitte wird ein Kranz befestigt, dann wird der Baum mit vier verschiedenen langen gekreuzten Stangen, ›Schwalben‹ genannt, wenn ich richtig gehört habe, auf Kommandos eines Erfahrenen und Älteren in die Höhe gestreckt, wobei es darauf ankommt, eine einmal errungene Position nicht wieder aufzugeben, und man ebenso aufpassen muss, dass der Baum keine Schieflage bekommt und zur Seite fällt. Irgendwie funktionierte das Ganze jedoch, auch wenn einige immer wieder mal nicht mit dem nötigen Ernst bei der Sache zu sein schienen und vom Kommandeur ermahnt werden mussten.

Noch bevor der Baum ganz oben, am Erfolg der Aktion aber nicht mehr zu zweifeln war, verließen wir den Schauplatz, durstig und hungrig, denn nicht mal einen Bewirtungsstand hatte man den Schaulustigen bereitgestellt. Wir hörten aber auf dem Heimweg noch die Erfolgsmeldung, nämlich das bewährte Lied *O Tannenbaum*, als eine Art Tusch geblasen.

Sollte ich eine Rezension über das Baumaufstellen schreiben, müsste ich sagen, dass dies hier in Abenberg eher ein rudimentärer Brauch ist, auf dessen Weiterbestehen man keine Wette eingehen mag. Die Kärwaburschen kommen spät, ihre Aufstellung scheint lange Zeit ein Durcheinander zu sein, es findet sich keine Spur von Feierlichkeit (positiv gesagt: zum Glück auch keine Spur von militärischem oder feuerwehrlichem Drill), und auch die Zahl der Zuschauer hält sich in Grenzen. Die kamen vielleicht am Abend zum bei Jung und Alt beliebten Kärwatanz mit *Almduudlaa* ins Sportheim.

Am Kärwasonntag war dann Regentag, der einzige meines gesamten Aufenthalts. Es waren kaum Leute auf der Marktstraße, dort also, wo schon in alten Zeiten die Verkaufsstände standen und nunmehr Karussells aufgebaut waren. Die Budenbesitzer dürften jedenfalls kaum auf ihre Kosten gekommen sein.

Am Montagfrüh ging ich zuerst zum Weißwurstfrühschoppen zum *Kaiser*. Ich war am Tisch der sich langsam füllende Wirtschaft lange der einzige, dann jedoch, als alle anderen Tische belegt waren, setzte sich eine Gruppe zu mir, und bald danach sagte die Wirtin ihnen, ihren Stammgästen: »Wisst ihr denn, wer an euerm Tisch sitzt, der Turmschreiber ist es.« – »Ja habe mir gleich gedacht, dass das ein Künstler ist«, lautete die Antwort.

Nachdem ich mein Bier geleert hatte, ging ich hinaus und auf die andere Seite der Stadt zur DJK. Dort war es bei der Veranstaltung der Kärwabuam ohrenbetäubend laut, so dass ich beschloss, das Ereignis von außerhalb zu beobachten. Auch vor der Türe hörte ich den *Oberpfalz-Express* spielen und überwiegend bayerische Lieder singen, bekam dann das Rudiment eines fränkischen Brauchs mit, wo es mal einen Betzentanz gegeben hat und nun eine Betzenversteigerung stattfinden soll. Doch hat man den Betzen, soweit ich es von außen verstanden habe, in ein Spanferkel verwandelt, das nunmehr für den stolzen Preis von 150 Euro seinen Käufer fand. Nach weiteren Oans-zwoa-gsuffa-Melodien wurde auch der Baum versteigert, der genau wie das Spanferkel 150 Euro einbrachte. Ich glaubte eine leise Enttäuschung beim Publikum zu vernehmen, jedenfalls zögerte der Auktionator lange, bevor er den Zuschlag erteilte. Dann ertönte wieder das Lied vom *Böhmerwald, wo meine Wiege stand*, worauf ich endgültig die Flucht ergriff, nicht ohne den Bürgermeister und andere Honoratioren zu bedauern, die dort noch ausharren mussten.

Zu Hause suchte ich nach meinen alten Mundartgedichten und siehe, das meiste habe ich – mit unterfränkischem Hintergrund und in unterfränkischem Dialekt – schon vorweg genommen, wofür ich ein Beispiel hier einfüge:

Fränkische Traditionskirchweih

oldä drochdn homms oo
blaue fräggli, gelwä housn
unn än dreischbidz affm dööds

unn wenn si die roudn röggli dreen
unn si vom schnaufn die brüsdli heem
iss olläs fosd wie frühä

unn di heimadbflecher mochn ir bildli
unn di lokoolschurnalisdn mochn ir bildli
unn di durisdn mochn ir bildli

wenn donn die gonz dradidsion rümm iss
fängd die kirm ärschd richdi oo
donn schlebbn mä unsä haxn
aff weißblaue blasdigdellä
und die Heuschdaadl-Buam
schbieln ir Brousid aff die Gemüdlichkeid,
»Ja, im Böhmawold
wou meine Wieche schdand«,
»Badroona Bavariae« unn
»oans zwoa gsuffa«.

wer jedds nou dou iss
konn si aa sei bild gemoch
vom frängischä brauchdumm

Kirchenenglisch

Kaum habe ich den Rockerbäck gelobt, dass er statt des immer häufiger anzutreffenden ›Togo-Kaffees‹ einen »Kaffee zum Mitnehmen« führt, wobei ich es, von dem sprachlichen Aspekt mal abgesehen, immer noch seltsam finde, dass man sich nicht mal ein paar Minuten für einen Kaffee hinsetzen kann, da lese ich auf dem Plakat am Unteren Tor: »Jesus to go«, was, einem alten Witz zufolge, also mit »Jesus zum Davonlaufen« zu übersetzen wäre. Aber selbst wenn wir diese Sprachsünde etwa mit »Jesus zum Mitnehmen« übersetzen würden, blieben wir ratlos. Sicher haben Gläubige auch früher ein Jesulein an der Kette bei sich getragen, aber ein solches ist wohl nicht gemeint, eher vielleicht, dass man Jesu im Herzen bei sich tragen solle. Aber muss es »to go« heißen?

Nein, ohne die einem Turmschreiber angemessene Zurückhaltung gesagt: Es ist nichts als ein Anbiedern an kommerzielle Blödheit, werte Christenmenschen, was ihr da treibt. Und ein Pfarrer, der solch einen Schwachsinn mitmacht, weil es gerade Mode ist, sägt sich selbst den morsch gewordenen Ast ab, auf dem er, bzw. sein Auftraggeber sitzt. Ob man überdies Erfolg damit hat, bezweifle ich. Es könnte mir ja gleichgültig sein, aber, wenn ich als Nichtgläubiger heute doch ab und zu ein wenig Hoffnung auf die Kirchen setze, dann in deren Widerständigkeit gegen derlei Krampf. Wieder mal falsch gedacht. Dass darunter noch ein Plakat hängt, das »open doors« ankündigt, macht die Sache auch nicht besser.

Klöppeln

Gerne würde ich mit einem schönen Artikel das Abenberger Klöppeln in Ehren halten. Als eine kunstvolle Handarbeit, die langwierig erlernt werden muss. Doch weiß ich zu wenig von dieser Kunstfertigkeit.

Sollte ich über das Klöppeln berichten, würde ich davon nicht erzählen als von einer Kuriosität für Touristen, die man im Klöppelmuseum bestaunen kann, von einer bloßen die Freizeit verschönernden Tätigkeit, wie man sie etwa im Volkshochschulkurs pflegt, sondern von einer Tätigkeit, in der nicht nur Vergangenes, sondern auch Zukünftiges stecken kann, nämlich die Vermittlung eines allgemeinen handwerkliches Geschicks für eine spätere Zeit, in der die Menschheit es leid ist, Massenkonfektionswaren unbesehen aus Katalogen zu kaufen, ohne der Kinder und Frauen zu gedenken, die sich quälen, um eine Wegwerfware für uns herzustellen. Eine vage Hoffnung nur, aber auch diese gilt es zu erhalten.

Und es sollte, wie es in der Ausstellung der Burg auch zu sehen ist, der wirtschaftlichen Bedeutung des Klöppelns für die Abenberger gedacht werden. Das Klöppeln, das vor allem von den Frauen, aber auch von ganzen Familien, einschließlich der Kinder, in Heimarbeit verrichtet wurde, half mit, vielen Abenberger Familien (wie vorher auch den Klosterfrauen der Marienburg) den Lebensunterhalt halbwegs zu sichern. Kinder arbeiteten in der Regel während ihrer Schulzeit, also vom 6.–13. Lebensjahr, im Hause beim Klöppeln mit.

Dabei hatten die bis zu 600 Abenberger Klöpplerinnen in der ersten Hälfte des 19. Jahrhunderts das Los vieler Heimarbeiterinnen und -arbeiter zu tragen, wie wir es etwa aus Gerhart Hauptmanns Schauspiel *Die Weber* kennen, dass ihre Produkte von den Händlern, die eine Art Monopolstellung inne hatten, unterbezahlt wurden, und diese gleichzeitig von den Klöpplerinnen hohe Preise für den zum Klöppeln benötigten Zwirn verlangten. Bemerkenswert, und wohl kaum in einer überregionalen Geschichte der Frauenarbeit und Frauenemanzipation erwähnt, ist, dass im Jahre 1819 vier Abenberger

Klöpplerinnen versuchten, auch ihre Erzeugnisse selbst zu vermarkten und dabei auf den energischen Widerstand der männlichen Monopolisten in Abenberg stießen. In einer Niederschrift vom 16. März 1816, so ist es in Franz Kornbachers Schrift über die Geschichte der Klöppelschule nachzulesen, stellten die vier ansässigen Abenberger Spitzenhändler den Antrag, *»daß namentlich aufgeführt vier Weibspersonen dieser Handel instibiert werden soll.«* Doch die Frauen konnten sich vor Gericht in Pleinfeld durchsetzen. In voller Länge zitierenswert ist auch die Stellungnahme des Abenberger Stadtrats zu diesem Fall:

»Allein so sehr nun zu wünschen wäre, dass der Spitzenhandel nur in den Händen etlicher und vermögender Männer bestünde, die im Stande sind, die sämtlichen von den hiesigen, so zahlreichen Spitzenklöpplern fabriziert werdenden Spitzen abzunehmen und die Zahlung hierfür zu leisten, wie es vor älteren Zeiten war, wo dieser Handel durch vermögliche Männer betrieben worden; so muß man doch gehorsam berichten, dass, wie es nur zu bekannt ist, die sämtlichen Spitzenhändler oft mehrere Mar (=Monate) lang im Lande herumgehen und dann, wenn sie nach Hause kommen, ihren Arbeiterinnen den Lohn für längst gefertigte Arbeit auf eine erbärmliche Art, oft nur den ein Drittel von ihrem Guthaben, und diesen noch mit Pfennigen und wie es schon früher der Fall war, mit absichtlich eingehandelten Hellern auszuzahlen, daß diese Klasse Menschen, die äußerst dürftig leben muß, ihr Schicksal weinend beklagen.«

Unterbezahlung mit schlechtem Geld, zu späte Bezahlung der Arbeit, während die Klöpplerinnen selbst ja die Grundstoffe im voraus und weit über den Einkaufspreis bezahlen mussten, trugen zur Armut Abenberger Klöpplerfamilien bei. Auch dieses eine Seite, die man, abseits folkloristischer Darbietungen, bei der Betrachtung des Abenberger Klöppelwesens in den Vordergrund stellen sollte, auch wenn es in Franken keinen Gerhart Hauptmann gegeben hat, der als Anwalt der Armen aufgetreten wäre.

Besser wurde es nach Einführung des Klöppelns von Metallspitzen aus den in der Leonischen Industrie in und um Roth hergestellten

Metallfäden. Die Händler, die vorher auf eigenes Risiko unterwegs waren, übernahmen nun für die Leonischen Fabriken die Agententätigkeit. Sie verdienten durch die Auftragsübernahme von den Fabriken und Auftragsübergabe an die Klöpplerinnen sowie bei der Bezahlung der gefertigten Waren. Doch die Klöpplerinnen erhielten nun gleich nach Abnahme ihren Lohn und konnten das nicht verbrauchte Material zurückgeben. Das Einkommen war dennoch gering. Auch wenn die Berechnungsunterlagen schwanken, kann Haag folgende Verdienstrechnung von 1910 vorlegen: Bei zwölfstündiger Arbeitszeit verdiente eine Frau am Tag 1,00 bis 1,20 Reichsmark, den Gegenwert von etwa 5 Litern Milch oder 5 Litern Bier.

Die Eröffnung der Klöppelschule brachte nochmals eine Verbesserung für die Klöpplerinnen, ohne die Armut vieler Familien beseitigen zu können. Dass heute Heimarbeit unter noch schlimmeren Bedingungen in manchen Ländern die Voraussetzung dafür ist, dass wir beim Kauf billiger, von Heimarbeiterfamilien produzierter Textilien und anderer Waren Geld sparen, was uns die Anschaffung so mancher Luxuswaren und auch so manchen Schrotts erst ermöglicht, ist ja kein Geheimnis. Doch vielleicht gehört dies auch in den Zusammenhang der Geschichte der Klöpplerinnen – und vielleicht sogar auch in ein Klöppelmuseum.

Klösse

Beeinflusst durch die Bücher meiner Vorgänger hatte ich mir zu Hause bereits Stichworte für dieses Buch vorbereitet. Alle hatten sie über Klöße geschrieben, Klöße im Allgemeinen und Klöße im Besonderen, d. h. in diesem Falle: Klöße aus Hengleins Kloßteig, bzw. über ihre Besuche bei Herrn Henglein, dem größten Arbeitgeber der Gemeinde Abenberg. Ich wurde nicht zu ihm eingeladen, doch in meinem Zimmer stand zumindest der Transportbehälter vom Einkauf, eine Henglein-Schachtel, als Quelle der Inspiration herum.

Die gelbe Schachtel mit der Aufschrift »schmeckt wie selbstgemacht« hat eine Erinnerung aus der Jugendzeit oder gar an noch spätere Besuche bei den Eltern in mir wach werden lassen, Erinnerungen an meine Mutter, die wenig gerne, aber dennoch in tapferer Pflichterfüllung, Sonntag für Sonntag Klöße kochte, dafür Kartoffeln rieb, sie schwefelte, Weckbröckeli anbriet, Klöße formte und dabei stets über die Mühe klagte, die die Kloßzubereitung machte. Die Klöße aus Kloßpulver, die es mittlerweile gab, entsprachen nicht unseren Ansprüchen, und so kam sie eines Tages erfreut vom Einkauf nach Hause. Sie hatte fertigen Kloßteig, ich weiß nicht von welcher Firma, im Laden entdeckt und fortan hieß es, wenn ich zu Besuch kam, dann stets aus ihrem Munde: »schmeckt wie selbstgemacht«.

Ich gönnte ihr die Freude der Arbeitserleichterung. Dabei hätte es ja auch noch eine andere Möglichkeit der Zeit- und Müheersparnis gegeben, wie auf dem Heidenberg-Sagenweg an der Station 10 oberhalb von Kühedorf zu lesen ist:

> Einst lebte auf dem Hechtel-Hof in Kühedorf eine fleißige Bäuerin, die arbeiten konnte wie der Teufel. Bereits in aller Frühe war sie auf dem Feld. Fünf Minuten vor Mittag ging sie immer schnell heim und Schlag 12.00 Uhr stand das dampfende Essen auf dem Tisch.
> Einmal kam ein neuer Knecht auf den Hof, der sich bald dachte, das gehe nicht mit rechten Dingen zu, und ihr auf die Schliche kommen wollte. Er stellte sich krank und lauerte hinter der Küchentür. Als nun die Bäuerin wieder fünf Minuten vor 12.00 Uhr geschwind hereinkam, breitete sie vor dem Höllofen ihren Fleck (Schürze) aus und rief: »Schwarzer, tu an Pfarzer, scheiß Kniedli roh«, worauf ihr diese dampfend in den Schoß fielen und sogleich aufgetischt wurden. Als nun der Bauer sein kurzes Tischgebet in den Bart brabbelte, platzte aufgeregt der Knecht herein und schrie: »Im Namen Gottes!«. Drauf wandelten sich die Knödel in Roßbolln.

Nun, das Risiko mit dieser Methode will wohl heutzutage keine Hausfrau mehr eingehen, und deshalb wird auch Herr Henglein den sicheren Weg mit seinen Fertigprodukten, der zweitschnellsten Methode, erfolgreich gegangen sein. Mir aber geht es bei solchen Halb- oder Ganzfertigprodukten um etwas anderes. Sie schmecken immer gleich, die meisten Kunden schätzen ja Verlässlichkeit über alles, ich jedoch weniger. Ab und zu möchte ich nämlich mal sagen können, dass etwas, die Klöße zum Beispiel, diesmal aber missraten oder auch besonders gut gelungen seien, so wie es bei jeder Handwerksarbeit, bei jeder Kunst der Fall ist. Das ewig Gleiche, Perfekte mag in der Welt der Maschinenarbeit wünschenswert sein, im menschlichen handwerklichen Tun aber nicht.

Nachtrag: Aber meine Liebe gilt eh dem Kartoffelsalat, über den ich ausführlicher schreiben könnte als über Klöße, wobei jedoch der Bezug zu Abenberg verloren ginge, es sei denn, ich schriebe über den wenig stilechten aus großen Kartoffelstücken bestehenden warmen Pseudo-Kartoffelsalat, den ich im Burghotel Abenberg serviert bekam. In Sachen Kartoffelsalat nämlich bin ich Purist. Dünne Kartoffelscheiben aus speckigen, gelben, dünnschaligen, fest kochenden Kartoffeln, dazu Zwiebeln, Essig, Öl, ein wenig Fleischbrühe, vielleicht auch Speckbröckelchen und Schnittlauch darüber. Sonst nichts! Vor allem keine Mayonnaise. Und dabei bleibt's bis ans Ende meiner Tage.

Kloster Marienburg

Das heutige Kloster Marienburg erscheint von meinem Aussichtspunkt auf der Burgseite als eine Ansammlung größerer neuer Gebäude, die den Hang eher dominieren denn zieren. Erst beim genaueren Hinsehen erkennt man das Zentrum des Klostergeländes, die Kirche St. Peter, deren Entstehung ins 12. Jahrhundert fällt und auf die Lokalheilige →Stilla zurückgeführt wird. Das Kloster wurde 1491 gegründet, ein Jahr bevor Kolumbus Richtung Amerika segelte. Dies nur als Merkhilfe, ein Zusammenhang wird hiermit nicht behauptet. Ein solcher besteht jedoch zwischen Klostergründung und dem Grab Stillas, zu dem die Wallfahrten seinerzeit wohl rückläufig waren, denn ein maßgeblicher Eichstätter Kanonikus bemerkte, dass es »zu einem viel größeren Zusammenlaufen von Leuten zur seligen Stilla« käme, wenn man die bestehende Kapelle verbessern würde. Was dann auch durch die Klostergründung geschah.

Über die Finanzierung des Klosters lesen wir, dass Bischof Wilhelm am 27. Juni 1488 »allen Christgläubigen, die gebeichtet und bereut haben« einen Ablass von 40 Tagen von ihren Sündenstrafen gewährte, wenn sie zum Kloster, »mit seinen Ummauerungen, Wohnungen und Wirtschaftsgebäuden, und zur Fortführung des Baus, zu seiner Erhaltung, Ausbesserung, Erneuerung und Ergänzung ihre helfenden Hände ausstrecken oder die Hilfsmittel ihrer Almosen verschaffen werden«. Am 29. März 1490 erteilt er abermals einen Ablass von 40 Tagen für alle, die an 16 einzeln aufgeführten Festtagen die Peterskapelle andächtig besuchen und zum Bauunterhalt der Kapelle und des Klosters beitragen. – Ein geringer Lohn angesichts der zu erwartenden Gesamtstrafe? Jedenfalls im Vergleich zur heutigen inflationären Praxis, wo es, soweit meine diesbezüglichen Informationen stimmen, bereits genügt, den päpstlichen Segen *urbi et orbi* im Fernsehen anzuschauen oder per Twitter beim Weltjugendtag dabei zu sein, um einen weit größeren, nämlich den vollkommenen Ablass, zu erhalten.

Doch brachte diese Art der Baufinanzierung dem Kloster zwar kostenfreie Arbeitsleistungen, jedoch keine Gelder, die zum weiteren Erhalt des Klosters nötig gewesen wären. Es kamen aber noch dazu: die Einnahmen aus den Opfern und Kollekten in der Peterskirche, Almosen und Sachspenden aus Vermächtnissen einzelner Bürger, die Mitgift der eintretenden Frauen, ihr Heiratsgut sozusagen, welches bei der Profess, der Ablegung der Ordensgelübde, fällig war, und dazu noch das Kostgeld für die noch nicht zum Noviziat zugelassenen Mädchen.

Augustinerinnen zogen ein, die uns heute seltsam vorkommende Namen in der damals üblichen vom Familiennamen, also dem Männernamen, abgeleitete Form trugen: Catharina Habermayrin, Sapientia Sibenharin, Spes Goldschmidin, Scholastica Krebssin und Margaretha Pröschlin. Vor allem bei Frauen aus Nürnberg bzw. deren Familien, die sie ins Kloster schickten, war Marienburg sehr beliebt. Trotzdem war ein Minimum an regelmäßigen Einkünften auch in diesem Kloster erforderlich, das Bistum hatte schlecht vorgesorgt, und die finanzielle Lage des Klosters wurde bald äußerst dürftig, als nach der Reformation in Nürnberg Nachwuchs und Zuwendungen von dort weitgehend ausblieben.

Dazu kamen nacheinander die Folgen der Bauernkriege, des Schmalkaldischen Kriegs 1546, der Einfall der Nürnberger Truppen und markgräflicher Truppen in eichstättische Gebiete 1552 im Zuge des sogenannten Fürstenaufstands. Nonnen flohen mehrfach aus Armut, das Kloster stand ein Vierteljahrhundert leer, bis man 1588 die verfallenen Gebäude wieder aufbaute und Marienburg neu besiedelte. Ein besonderer Wohltäter soll dabei der österreichische Adelige von Buchheim gewesen sein, der dem Kloster eine bedeutende Summe vermachte, die Zahlung aber an eine Reihe von Bedingungen knüpfte, u. a. dass man ihm und seinen Verwandten ständig Messen läse, er in der Kirche begraben werde sollte, und noch allerlei Vorschriften für sein Angedenken mehr. So sollten auch Gesinde und Hofbewohner an seinem Todestag auf vorgeschriebene Weise ernährt werden, die Priester eine gute Mahlzeit bekommen, denn er, so der Erblasser, wisse recht gut, dass das nächtliche Beten und Singen auf die Dauer »schwache Mägen und blöde Köpfe« mache. Auch für das leibliche Wohl der Schwestern sollte gesorgt werden, frisch gebackene Semmeln sollten sie zur Kommunion, Met und Wein zu anderen Anlässen erhalten, und das auf alle Zeiten.

Spätestens im Dreißigjährigen Krieg, der eine Reihe von Einfällen von Evangelischen und auch von französischen Soldaten in das Bistum mit sich brachte, dürfte es jedoch mit diesen kostspieligen Wohltaten zu Ende gewesen sein. Herumstreifende Soldaten und auch kaiserliche Truppen überfielen mehr als zehn Mal das Kloster, plünderten, brandschatzten.

Ein besonderer Schlag traf dann Marienburg in Friedenszeiten, als im Jahre 1675 die Kirche und ein Teil des Klosters in Flammen aufgingen, weil eine senile Nonne vergessen hatte, ihren Wachsstock zu löschen. Bald erfolgte der Wiederaufbau und im 18. Jahrhundert auch eine Erweiterung mit einem neuen Brauhaus. Doch soll hernach, so ein Bericht gegen Ende des Klosters, die Zucht unter den Nonnen gelitten haben., wozu es nicht viel brauchte, denn die Klosterregeln bei den Augustinerinnen waren streng.

Ob es jedoch so streng zuging, dass Klosterfrauen gegen ihren eigenen Willen festgehalten wurden, wie wir es etwa aus Diderots Roman *Die Nonne* kennen, ist mir nicht bekannt, doch dürften viele Familien ihre Töchter gegen deren Willen ins Kloster geschafft haben. So schlug auch der Barockdichter Philipp von Zesen, der es sich, wie auch einige heutige Sprachgesellschaften, zur Aufgabe gemacht hatte, Fremdwörter einzudeutschen, ernsthaft vor, statt des lateinischen Wortes Nonnenkloster künftig das Wort *Jungfernzwinger* zu benutzen. Dass eine Nonne in die Welt fliehen mochte, hielt man auch im Volk zumindest nicht für unmöglich, sonst wäre kaum die folgende Sage vom Kloster Marienburg entstanden, die Robert Unterburger in sein Sagenbuch aufgenommen hat und deren Wahrheitsgehalt selbstverständlich ebenso wenig zu bestätigen wie zu widerlegen ist.

Die entsprungene Nonne

Markgraf Carl Wilhelm Friedrich zu Brandenburg-Ansbach war ein leidenschaftlicher Jäger. Er huldigte der Falkenjagd, die er mit großem Aufwand betrieb. Einmal kam er auf einem Jagdausflug mit seinem Gefolge nach Abenberg. Dabei stattete er dem Kloster einen Besuch ab. Die Priorin führte den hohen Herrn mit einigen Begleitern durch das Kloster. Seinem Sekretär fiel eine schöne, junge Nonne auf, die seine ganze Aufmerksamkeit beanspruchte. Auf dem Heimweg bemerkte der Markgraf die Zerstreutheit des Sekretärs und sprach ihn darauf an. Dieser gestand ihm, dass die liebenswürdige Erscheinung der Nonne einen tiefen Eindruck auf ihn gemacht habe.

Vom ersten Augenblick an, als er sie erblickte, habe er eine tiefe Zuneigung zu ihr empfunden. In einem unbeobachteten Augenblick habe sie ihm gestanden, gegen ihren Willen ins Kloster verbracht worden zu sein. Sie trachte lieber heute als morgen, aus ihm zu entkommen.
Der Markgraf antwortete: »Wenn du sie zum Weib begehrst und sie dich will, so hole sie dir. Auf meinen Beistand kannst du zählen!« Der Sekretär vertraute sich der Bäckersfrau an, die jeden Tag Brot und Backwaren ins Kloster lieferte. Sie befragte die Nonne und erhielt eine bejahende Antwort.
Heimlich ließ die Bäckerin eine Strickleiter in einen Kuchen einbacken, den die Nonne aus ihren Händen empfing. In einer bewölkten Nacht ließ sie sich von der Klostermauer herab. Der Sekretär, begleitet von zwölf Husaren, wartete in einer verhängten Chaise auf sie.
Sobald die Nonne den Boden außerhalb des Klosters berührt hatte, schloss sie der Sekretär des Markgrafen glücklich in seine Arme, verbrachte sie in die Kutsche und fuhr in schnellem Trab davon. Bald wurde die Flucht der Nonne entdeckt. Die Glocken läuteten Sturm. Die Häscher konnten sie nicht mehr einholen. Ihr Vorsprung war zu groß. Schon hatten die Flüchtenden das abenbergische Gebiet verlassen und konnten von den Verfolgern nicht mehr zur Verantwortung gezogen werden.
In Ansbach fand die Hochzeit statt. Die Braut bestand darauf, dass in ihrem Haus eine Zelle eingerichtet wurde, in der sie regelmäßig am Jahrestag ihrer Entführung gedachte. In Nonnentracht bat sie Gott um Verzeihung und dankte ihm gleichzeitig für die gnädige Führung.

Das Kloster Marienburg bestand bis zur Säkularisierung im Jahre 1803, nachdem es 1800 noch einmal französische Einquartierungen gegeben hatte. Für die Zeit kurz vorher stoßen wir auf ein von Lehrer Haag wiedergegebenes Dokument von einiger Aktualität angesichts der zeitgenössischen Vorfälle im Limburger Bistum. Im Jahre 1795 kam nämlich Bischof Joseph in Geldnot und wollte entbehrliches Kirchengold veräußern. Er schreibt an das Kloster Marienburg:

»Wir sehen uns bei den gegenwärtigen traurigen Kriegszeiten in die unangenehme Notwendigkeit versetzt, zu außerordentlichen Hilfsquellen unsere Zuflucht zu nehmen und das entbehrliche Kirchengold und -silber in Requisition zunehmen. Die Kirche hat ja ihr Gold nicht, um es aufzubewahren, sagt der hl. Ambrosius, sondern, um es wohltätig zu verteilen und die allgemeine Not zu steuern. Der hl. Bernhard schreibt, die Kirche will nicht, daß ihre Wände glänzen und ihre Brüder darben …«

Daraufhin antwortete das Kloster, dass kein Gerät entbehrlich sei und zahlte 300 Gulden, durfte jedoch die Gold-und Silbergeräte behalten.

Die preußische Regierung löste den Klosterbesitz auf. 1805, als das Kloster bayerisch geworden war, wurde das Inventar beschlagnahmt, die Schwestern, sofern sie nicht zur Miete wohnen bleiben wollten, mit einer kleinen Pension abgefunden. Der Besitz wurde öffentlich versteigert und von den Käufern unter den Augen der verbliebenen Schwestern und der Abenberger Bevölkerung abtransportiert. Der Stadtpfarrer Kettner von Abenberg war auch zugegen und soll nach einem Bericht gesehen haben, dass viele der Abenberger zuschauten, kauften und sich ergötzten, »die früher schon viel Klostersuppe gegessen hatten«.

1810 ersteigerten zwei protestantische Majore das Kloster und richteten dort, wo noch einige Klosterfrauen wohnten, ein Zech- und Tanzlokal ein, nur ein paar Meter von den Überresten der Seligen Stilla entfernt. Dies wurde jedoch von den Abenbergern nicht so recht angenommen. Der Grund dafür sei, »daß die Abenberger von jeher mehr als genug Trinkstuben hatten und daß es in jener sittlich stark verwilderten Zeit auch an Tanzsälen nicht gemangelt habe und einige Scheu doch im Herzen aller lebte«, so schreibt der Chronist Pfarrer Josef Frank. Drei Abenberger Bürger, Brauer und Maurer, kauften in der Folge die alten Klostergebäude und rissen künstlerisch wertvolle Bauten wie die Totenkapelle und den von Gabrieli erbauten Südflügel ein. Andere Abenberger nutzten die Wirtschaftsgebäude auf ihre Weise: Es entstand direkt am Chor der Kirche ein

Aborthäuschen mit einem Düngerhaufen.

Die Reste kaufte die Stadt 1861 für ein Armenhaus, das später Krankenhaus wurde. 1920 schließlich erwarb der in Rom ansässige Franzikanerinnenorden der *Schwestern von der schmerzhaften Mutter* das Kloster. Gegen Ende des Zweiten Weltkriegs organisierte die Hitlerjugend hierhin Kinderlandverschickungen, wobei man auf die Mithilfe der Schwestern zählte. Das Buch zum Klosterjubiläum gibt einen eindringlichen Bericht davon.

Angeschlossen ist heute dem Kloster ein Altenheim und eine Mädchenrealschule. Was letztere betrifft: Ich durfte dort lesen und las aus meinem Roman *Zwei Gesichter* über eine jüdische Familie in einem Dorf in der Rhön. Die Sechzehnjährigen waren aufmerksam, eine angenehme Atmosphäre war es für mich, der ich mich in Schulen nicht immer wohlfühle. Hinterher, die Lesung war sehr knapp in den Stundenplan eingefügt, waren nur ein paar Minuten Zeit für die Fragen der Mädchen. Nichts zum Inhalt, wie fast immer, nicht nur bei Schullesungen, sondern zum Autor und seinen Beruf. Die schönste Frage war die, wohin ich ginge, wenn meine Abenberger Zeit vorüber sei. Das Mädchen stellte sich die Turmschreiber als fahrende Sänger vor, die von Ort zu Ort ziehen, dort vier Wochen oder länger leben und dann weiter wandern. In meinen jüngeren Jahren wäre dies eine äußerst verlockende Vorstellung für mich gewesen.

Was die Schwestern betrifft, die ich im Städtchen selbst nur sehr selten habe umhergehen sehen und von denen wohl auch keine meine Lesungen besucht hat, habe ich mir sagen lassen, sie seien tüchtige Schwestern, und es könne vorkommen – so erzählte es uns wenigstens ein bekannter Abenberger Bürger, den ich hier nicht nennen möchte – dass sie einem Besucher auch mal eine Flasche Schnaps mitgäben und ihm sagen würden: »Wenn man Sie damit weggehen sieht, sagen Sie halt, es sei Weihwasser.« Aber das klingt mir dann doch sehr nach einer modernen Wandersage, die man sich verschiedenen Ortes erzählt, aber auch Wandersagen haben bekanntlich ab und zu einen realen Hintergrund.

Kunst im Kreis

Kreisverkehre waren einst großen Städten vorbehalten, um auch bei mehreren sich kreuzenden und einmündenden Straßen die Übersicht zu be- und den Verkehrsfluss zu erhalten. Mittlerweile haben sie sich auch in ländlichen Gegenden ausgebreitet, finden sich sogar vorzüglich mitten in der Prärie. Abenberg besitzt seit wohl nicht allzu langer Zeit zwei davon und beide liegen außerhalb des Stadtzentrums.

Der südlichere Kreisverkehr besitzt jedoch eine Besonderheit, nämlich ein Kunstwerk in seiner Mitte. Dieses Werk der Georgensgmündner Künstlerin Verena Reimann, die auch den →Ritterbrunnen im Burghof konzipiert hat, ist aus mehreren einander zugeneigten Riesenklöppeln aufgebaut und soll an die Abenberger Klöppelei erinnern. Die Frage, ob diese Darstellung auch dem Fremden, dem das Klöppeln und die Klöppel unbekannt sind, vermittelbar ist, treibt nicht nur Bürgermeister Bäuerlein um.

Denn welcher Fremde, der hier vorüber fährt, weiß um diese Abenberger Besonderheit und um das Aussehen des Klöppelgeräts, dessen überdimensioniertes Abbild man beim flüchtigen Hinsehen gerade hier in einer Hopfengegend sogar als aneinander gelehnte gekrümmte Hopfenstangen deuten könnte? Ob da ein Schild hilft, das einen Autofahrer informieren, aber nicht ablenken soll? Vielleicht ein Zusatz an der Ortstafel, das Abenberg als ›Klöppelstadt‹ bezeichnet (aber das hätte ja gleich wieder einen zu offiziellen Charakter), oder ein großes, von der Straße her sichtbares transparentähnliches Schild ›Klöppelstadt Abenberg‹ direkt an der Verkehrsinsel. Ausführlichere Erläuterungen am Kunstwerk selbst nutzen da wenig, denn, um sie zu lesen, müsste man zu Fuß ohne Überweg hierher kommen, das Werk gar selbst betreten. Solch ein Tun verstieße jedoch gegen die Verkehrsregeln und der ungeschriebenen Regel, dass Kunstwerke nicht betreten werden dürfen.

Ein anderes Problem für das Verständnis des Kunstwerks ist ja, dass man es mit dem Auge kaum als ein Ganzes erfassen kann, da es nicht nur lichten Raum umspannt, sondern eine Verkehrsinsel, und es zudem, von Süden aus betrachtet, das uneinheitliche und unruhige Sammelsurium der Gebäude des Gewerbegebiets einrahmt. Zur Geltung käme es nur vor einem möglichst einheitlichen Hintergrund. Dies zeigt der Blick von der anderen Seite aus, wo man durch den hinter dem Kunstwerk sich befindlichen Wald weniger von der Darstellung abgelenkt wird. Ein richtiges Werk am falschen Ort also?

L

Landschaft

Sehen wir die Natur so, wie sie physikalisch beschaffen ist und sehen wir alle das Gleiche? Ist dies schon für einzelne Gegenstände zweifelhaft, dann erst recht für die Wahrnehmung von Landschaften, denn dass diese mehr sind als eine Ansammlung von Naturgegenständen, geistige Gebilde nämlich, steht außer Frage. Jeder Betrachter wird, je nach seinen Vorerfahrungen, gewonnen aus Bildern, Fotografien und eigenen Erlebnissen, das Gelände anders wahrnehmen, das Bild anders einrahmen, wird etwa den Himmel mit dazu nehmen oder nicht, wird dies oder jenes ausblenden, und die so selbst geschaffene Landschaft zu verschiedenen Zeiten verschieden sehen, nicht nur, weil diese sich je nach Wetter und Licht auch physikalisch verändert, sondern auch, weil stets die eigenen Stimmungen mit einfließen.

»Die Landschaft hier ist doch recht schön«, wird mancher Abenberger den Fremden, um Bestätigung heischend, fragen. » Ja«, wird man sagen. Ob aus Höflichkeit oder Überzeugung? Gibt es für die Schönheit überhaupt objektive Kriterien, sind sie wenigstens innerhalb eines Kulturkreises einheitlich, sind sie gänzlich individuell? Gewiss gibt es kulturell bestimmte Kriterien für schöne Landschaften, die zu jeweils bestimmten geschichtlichen Zeiten von den meisten Gliedern einer Kulturgemeinschaft geteilt werden. Dennoch bleibt immer auch eine individuelle Prägung der Vorlieben für bestimmte Landschaften. Oft ist es die heimische Landschaft, die Kinderlandschaft, die man ein Leben lang bevorzugt: für mich also die Kulturlandschaft am Main. Andere mag die Hochgebirgslandschaft ansprechen, andere die weiten Ebenen.

Und dann gibt es die Wunschlandschaften. Es spielen psychische Dispositionen eine Rolle, ob jemand unendliche Weiten, wilde Einsamkeit oder die sanften Hügel einer Kulturlandschaft liebt: Und schließlich gibt es die vermittelten Traumlandschaften, die Postkarten-, Film- und Medienlandschaften, Landschaften aus zweiter Hand, zu denen der Gefühlswert gleich mitgeliefert wird. Kitschlandschaften also.

Auch macht es einen Unterschied, ob man eine Gegend nur anschaut oder ob sich darin bewegt. Aber immer ist Landschaft etwas Ganzes, ist ein Bild, das der Betrachter sich schafft. Sie ist – im Gegensatz zu den Dingen, aus denen sie zusammengesetzt ist – nicht objektiv vorhanden.

Mein wichtigstes Landschaftserleben in und um Abenberg war der Spaziergang durch eine Fast-Ebene mit einem Hügel dazwischen, ein Spaziergang zwischen Himmel und Erde, zwischen Abenberg, Ebersbach und Kapsdorf. Würde man mich heute fragen, was ich da gesehen habe, so würde ich ihm sagen: den Himmel. Zwischen Ebersbach und Kapsdorf stand die warme Oktoberluft ein paar Augenblicke lang fast still, die Sonne senkte ihren Lauf gegen Westen, der Himmel aber trug ein ganz helles Blau, weiß gleißend fast, und dann begannen sich graue Wolken vorsichtig zu türmen, dunklere schoben sich dazwischen, die Sonnenstrahlen fokussierten sich auf einige Flecken der Ebene, beleuchteten die Wiesen in einem immer roter werdenden Licht. Der kleine Weiher schien zu erstarren, der Wald, alles schien sehr nahe, die Straße zwischen den Dörfern schien sich zu wölben, dann plötzlich spannte sich über den weiten Himmel von Wald zu Wald ein Regenbogen, obwohl es hier nirgends regnete, doch bei der Rückkehr nach Abenberg sah ich dort nasse Straßen. So ist es mir geschehen am 14.10.2013 zwischen 16 und 18 Uhr.

M

Mäbenberg

Konrad von Megenberg

Den Ort Mäbenberg erreichte ich zunächst nahezu unbeabsichtigt auf meinem ersten Spaziergang, auf dem Rückweg vom Druidenstein. Nach dem Verlassen des Waldes ging es nach links, und auf einem neuen Waldweg parallel zur kleinen Straße gelangte ich ans untere, wohl südöstliche Ende des Dorfes, von wo es nur ein paar Kilometer nach Georgensgmünd sind. Dann ging ich weiter die fast einzige Straße des Ortes entlang und kam hintereinander vorbei an verschiedenen Häusergruppen, die sich um eine breite Mulde, einem Amphitheater aus Wiesenhängen ziehen. Ganz am Ende des Weges, an der gegenüberliegenden Seite des weiten Runds, findet man das kleine, im 15. Jahrhundert erbaute ochsenblutrote Spielzeugkirchlein St. Oswald, das man mehr als jedes andere Kirchlein als schnuckelig bezeichnen könnte, und das keineswegs, wie die Redensart es vermuten lässt, mitten im Dorf steht. So klein ist es, dass sein Turm, immerhin doppelt so hoch wie das Schiff, von den benachbar-

ten Hopfenhäusern weit überragt wird. Ein halbrundes Straßendorf ist dieses Mäbenberg also, wie es mir in Franken, ja in Deutschland kaum begegnet ist, wie man es eher an Berghängen in Mittelmeerländern finden kann, aber bei dieser Wahrnehmung mag die Sehnsucht nach dem Süden mir einen kleinen Streich gespielt haben.

Erstmals urkundlich erwähnt wurde der Ort um 1300. Wichtig für die Entwicklung war das Rittergut derer von Megenberg, heißt es, doch weiß man kaum etwas von ihnen, und so belassen wir es bei der Feststellung, dass spätestens ab dem 15. Jahrhundert keine Adeligen mehr in Mäbenberg lebten. Weiter heißt es in den knappen Darstellungen, dass der Hopfenanbau im 19. Jahrhundert – wie in den umliegenden Orten – zu einem bescheidenen Wohlstand führte. Vor dem Zweiten Weltkrieg war Mäbenberg außerdem eine Hochburg der Schindelmacher, von denen, so ein Bericht, der auch schon ein paar Jahre alt ist, heute ein einziger übriggeblieben ist, der dieses alte Handwerk noch beherrscht.

Konrad von Megenberg wurde, dessen ist man sich seit etwa 1940 ziemlich sicher in Mäbenberg geboren, worauf auch eine Tafel an der Kirche mit der Aufschrift »Konrad von Megenberg (1309–1374)« hinweist. Er wurde als Kind eines niederen Adeligen geboren, ging schon als Neunjähriger nach Erfurt auf die Hohe Schule, dann, bevor es noch deutsche Universitäten gegeben hat, studierte er in Paris, in Avignon, Wien und Regensburg, lehrte und wirkte als Geistlicher, war ein Vielschreiber, verfasste die meisten seiner 22 Bücher auf Latein. Aus reiner Neugierde hatte ich mir für die Turmschreiberzeit sein Werk *Das Buch der Natur* besorgt und mitgenommen, und hatte es nicht bereut. Es wurde meine liebste Bettlektüre, teils wegen der altertümlichen spätmittelalterlichen Sprache, teils wegen des uns heute teils skurril erscheinenden Inhalts und seiner farbigen Bilder. So konnte ich einiges Kuriose aus dem Leben der Menschen, Tiere, sowie von den Gesteinen und Gestirnen erfahren, etwa, dass ein Eichhörnchen zum Überqueren eines Gewässers sich auf ein Rindenstück setzt und seinen aufgerichteten Schwanz quasi als Segel benutzt, um ans andere Ufer zu kommen. Man kann nach Konrad aus mehr als einen Dutzend von Zeichen erfahren, ob das erwartete Menschenkind ein Bub oder ein Mädchen wird und wie man das bei der Zeugung bereits beeinflussen kann. Besonders skurril sind die Passagen, in denen man an den äußeren körperlichen Merkmalen eines Menschen, etwa der Form der Nase oder der Augenbrauen auf dessen Charakter schließen kann. Als Bartträger versuche ich mal einen kurzen Abschnitt *Vom Bart* in einer halbwegs verständlichen Übersetzung frei wiederzugeben:

»Der Bart am Menschen zeigt das männliche Geschlecht. Er wächst im rauhen Überfluss mehr als das Haar auf dem Kopf und es ist ein größerer Bart bei den heißblütigen Männern als bei den kaltblütigen, weil mehr Dunst und Rauch in den heißen ist als in den kalten. Jedoch findet man auch etliche Frauen, die oben am Mund einen Bart haben, und das ist ein Zeichen, dass sie ganz heißer Natur und jähzornig sind.«

All dies hat Konrad aus verschiedenen lateinischen Büchern zusammengestellt und seinen Lesern nahezu das gesamte Naturwissen und Halbwissen seiner Zeit in mittelhochdeutscher Sprache mitgeteilt.

Marktplatz

Die Gestaltung des heutigen Abenberger Marktplatzes ist ein Ergebnis der Stadtsanierung am Ende des letzten, also des 20. Jahrhunderts, wie wir Älteren uns das noch immer verdeutlichen müssen. Er wurde gänzlich neu angelegt, gepflastert, vor allem von italienischen Bauarbeitertrupps, Terrazieri einst genannt. Interessieren soll uns dabei die ›Bebaumung‹ (kein Druckfehler sondern ein von mir erfundenes Wort) und der dort befindliche Brunnen. Alte Bäume, prächtige Kastanien zumeist, wurden nämlich entfernt, ohne dass sich etwa Baumfreunde angekettet hätten. Sie wurden durch Linden ersetzt, die ja auch ganz schön aussehen und bekanntlich traditionelle Straßenbäume sind. Eine einzige mächtige Eiche, die 1878 von Kriegsveteranen zur Erinnerung an den deutsch-französischen Krieg gepflanzt worden war, zeugt jedoch auch heute noch von vergang'ner Pracht. Sie gerettet zu haben, ist wohl eines der zahlreichen Verdienste von Herrn Kornbacher, der mir davon berichtet hatte. Während der leitende Architekt bzw. dessen gärtnerische Berater behauptet hatten, diese Eiche, wie auch viele andere Bäume, trügen bereits »Angsttriebe«, konnte der Baumretter die Kriegsveteranen dazu bewegen, sich erfolgreich für ›ihre‹ Eiche einzusetzen.

Was zum Glück nicht gerettet wurde, waren die Reste des alten Brunnens. Glück nicht nur deshalb, weil man mit dem Stillabrunnen eine ansehnliche Lösung gefunden hat, vor allem deshalb, weil der alte Brunnen sicherlich einer der fürchterlichsten Brunnen in der fürchterlichen Geschichte der nationalsozialistischen Herrschaft war. Er bestand, wie eine noch vorhandene Skizze zeigt, aus einem Brunnenbecken, über das sich ein gewaltiger Adler mit waagerecht ausgebreiteten Schwingen erhob. Direkt unter seinen Füßen hing das Hakenkreuz, und darunter musste man den Ausspruch des schlimmsten Antisemiten, von Gauleiter und Stürmer-Herausgeber Julius Streicher, lesen: »Ohne Lösung der Judenfrage keine Erlösung der Menschheit«. Adler, Hakenkreuz und Schrift wurden von den Amerikanern bei der Befreiung demontiert, im Becken spielten noch bis zur Umgestaltung des Platzes die Kinder der Stadt.

Vielleicht sollte man noch hinzufügen, dass dieser Streicher-Brunnen kaum dem Wunsch einer Mehrheit der Abenberger Bevölkerung entsprochen haben dürfte. Auch wenn genaue Zahlen, nicht zu finden sind, man müsste hierzu gezielt in Archiven suchen, dürfte es sicher sein, dass auch in Abenberg, wie in anderen katholischen Orten Mittelfrankens, die Zustimmung zur Nazipartei deutlich geringer war als im ländlichen evangelischen Mittelfranken, bekanntlich einer frühen Hochburg der Nazis. Der katholische Internationalismus war im Gegensatz zum lutherischen Nationalismus eine Tradition, die hierfür verantwortlich gemacht wird. Der zweite war das Vorhandensein einer eigenen (aber auch oft mutlosen) katholischen Partei, der Bayerischen Volkspartei, die viele katholische Wähler anzog und von den Nationalsozialisten zunächst fern hielt.

Marterl

Bildstöcke und Heilige

Aufgewachsen im katholischem Unterfranken, wo einem häufig Bildstöcke in recht verschiedener Ausführung begegnen, muss ich sagen: Selten habe ich eine so große Marterldichte erlebt wie in Abenberg. Achtzehn sollen es in der Stadt selbst sein, dazu kommen weitere in den Dörfern der Umgebung. Sie stehen an Straßen, an Waldrändern (dort oft in Verbindung mit einer Kapelle), oft an Wegen, an denen Prozessionen vorbei ziehen. Ihre Vielzahl weist auf die Grenzlage zu den protestantischen Gebieten hin, in der man sich besonders katholisch zeigen mochte. Auch die Wallfahrten zur Seligen Stilla mögen das Aufstellen von Marterln befördert haben.

Und was das Besondere ist: Alle Abenberger Marterl ähneln sich, als gehörten sie einer einzigen Bildstockfamilie an, einer Familie, die ich vorher auf allen Wanderungen nie bewusst kennengelernt hatte. Sie bestehen aus einer Steinsäule, manchmal weiß leuchtend, meist aber grau oder ergraut und mit allerlei Moos bewachsen. Darauf ist ein viereckiger, zuweilen leicht abgerundeter steinerner Aufsatz, in den auf drei oder allen vier Seiten gemalte Bildnisse eingelassen sind. Unter den Darstellungen steht meist geschrieben, wer oder was jeweils dargestellt ist. In vielen Fällen sind diese Bildnisse mit einer Plexiglasscheibe geschützt, was jedoch dazu geführt hat, dass manche von ihnen nur noch verschwommen zu erkennen sind. Was man bei diesen Marterl nicht findet, sind biblische Inschriften wie auf den mir vertrauten Kruzifixen, wo mit Aufschriften wie »Es ist vollbracht« oder »Alle, die ihr vorübergeht am Wege, schauet mich an, sehet, ob ein Schmerz größer ist als der meinige« vor allem die Passion ausgedrückt wird.

Es gibt ein Büchlein über die Abenberger Marterl von Florian Marx, einem Pater, und Willi Kleblein: *Geistige Wegweiser über Bildsäulen und Kapellen in Abenberg* heißt es. Allerdings verrät es nichts über die Architektur, nichts über die Geschichte, das Alter der Bildstöcke, dafür erklärt es jedoch die Bildinhalte recht ausführlich. Man möchte mit dem Büchlein in der Hand von Marterl zu Marterl ziehen, ikonographische Studien treiben.

Doch in diesem Buch heißt es auch, die Bildstöcke und Kapellen seien *»Möblierungen des Heimatraums«* und weiter: *»So wie unsere Wohnungen die Symbole des Glaubens zeigen, z. B. Bilder des Kreuzes, der Mutter Maria oder der Heiligen, so sind Bildstöcke, Kapellen und Marterl in den weiteren Wohnraum unserer Heimat gestellt.«* Davon abgesehen, dass Möbel im Wortsinn ja bewegliche Stücke sind, bleibt eine grundsätzliche Frage, die sich die Gläubigen vielleicht nie gestellt haben: Ist die Flur das erweiterte Wohnzimmer der katholischen Bevölkerung? Oder ist sie ein öffentlicher Raum, ein Raum auch für Nichtchristen, auch für Leute, die Bildstöcke nicht schätzen, vielleicht von ihnen sich sogar gestört fühlen, oder anders gesagt: Soll es jedermann erlaubt sein, in den öffentlichen Raum ein Zeichen seines Glaubens zu stellen? Ich will keine Antwort auf diese Frage geben. Begründen lässt sich das Aufstellen der Marterl in einer pluralistischen Gesellschaft eigentlich nur mit der Tradition. Wir leben in einer vom Christentum geprägten Landschaft, die seit Jahrhunderten mit Bildstöcken, Kreuzigungsdarstellungen, Gipfelkreuzen bestückt ist und mit dem Klang von Kirchenglocken beschallt wird. Meinetwegen, so sage ich heute, darf es, allen Prinzipien zum Trotz, auch so bleiben. Aus Gewohnheitsrecht, nicht aus heutigen Rechtsvorstellungen heraus.

Ja, ich persönlich habe sogar meine Freude an den meist naiven frommen Darstellungen. Und die Abenberger Marterl gehören mir zu den liebsten. Doch ist dies eine rein kindliche Freude, die absieht von jeglichen Inhalten. Wie mag es den Gläubigen gehen? Nie sah ich jemanden vorübergehen, der an einem Marterl inne gehalten, zum Gebet sich niedergekniet, sich bekreuzigt hätte, wie man es vielleicht noch an den Prozessionen tut, die dort vorbei führen. Auffallend ist auch, dass nicht nur traditionelle Heilige abgebildet worden sind (→Stilla natürlich mehrmals an dem Weg, den der Ochsenkarren mit ihrer Leiche gegangen sein soll) sondern auch Heilige des 20. Jahrhunderts: Edith Stein, P. Rupert Mayer, P. Maximilian Kolbe. Sie werden von der Kirche anerkannt als Märtyrer und, wie die meisten Heiligen, als Menschen mit Vorbildcharakter. Sind das nur Worte im Gottesdienst? Denn auf den Inschriften der Bilder steht nie:

»Sei uns ein Vorbild, wir wollen dir nachstreben«, es steht fast immer dort: »Liebe Heilige, lieber Heiliger« oder »Maria, bitt' für uns«. Die Tätigkeit der Heiligen als Anwälte, als Vermittler, auf deren Fürsprache die Gläubigen Hoffnung setzen, scheint also die Hauptfunktion zu sein, die die Leute ihren Heiligen zuschieben. Gäbe es sonst die Bildstöcke?

Ich bin, die Leser werden es schon erahnt haben, ohne Heiligen aufgewachsen. Das erste Mal, als ich, etwa zehnjährig, in eine Kirche ging, gab es dort gleich vierzehn davon, und einer ist mir als besonders grausliche Erscheinung in Erinnerung geblieben. Heute weiß ich, dass es der Dionysius gewesen sein muss, der seinen Kopf in der

Hand trug, und was noch schauriger für mich war, dessen Gurgel aus dem Halsansatz herausragte. Und wie empfinden es die Kinder, die man ansonsten heute oft vor dem Anblick von Gewaltdarstellungen verschonen möchte?

Da musste ich schon die ganze Kindheit samt pubertärer geistiger Latenzzeit hinter mich gebracht haben, bis ich langsam verstand, dass die Heiligen doch allgegenwärtig sind: in Kunst, Literatur, in den Kirchen, auf der Flur, und dass ein naives Spotten über ihre Zurschaustellung weder das Verstehen der Heiligen noch der Gläubigen befördert.

Merkenschlager, Friedrich

Einige Zeit meines Lebens verbrachte ich damit, fränkischen Schriftstellern auf die Spuren zu kommen, ihren Wegen nachzuspüren und auch nachzugehen. Nicht aus Gründen einer weltlichen Heiligenverehrung, nicht um Dichterreliquien zu sammeln, Kraft aus ihnen zu schöpfen, wie es einige meiner Spurengängerkollegen für sich formulieren, sondern rein aus Spaß am Gehen und am detektivischen Spiel. Damit sollte Schluss sein, hatte ich beschlossen, und nun spaziere ich in einer unbekannten Gegend umher, und ein fränkischer Autor kommt mir in die Quere, dem ich zuvor auf meinen Lese- und Fußreisen nie begegnet war: Friedrich (bzw. Fritz) Merkenschlager (1892–1968) aus Hauslach bei Georgensgmünd, ein wahrlich zweifelhafter Autor, bei dessen Betrachtung eine gewisse Bewunderung auf der einen, Ablehnung auf vielen anderen Seiten mich ergreift, wenn ich nur ein wenig in seine Biographie und sein Werk schaue, ohne mich hinein zu vertiefen.

Auch die erste Begegnung mit seinen Bemerkungen über Burg Abenberg und den →Druidenstein brachte ihn mir nicht gerade näher. Herr Kornbacher überreichte mir die Novellen *Sabina* und *Rogalla*, aus denen ich zumindest einiges über das bäuerliches Leben früherer Zeiten, die →Exulanten, die Geologie der fränkischen Keuperhöhen erfahren konnte. Ansonsten typische Erzählungen der Heimatkunstbewegung der ersten Hälfte des Zwanzigsten Jahrhunderts, denen eine gewisse sprachliche Schönheit nicht abzusprechen sind, die sich aber aus heutiger Sicht immer ein wenig nahe am Kitsch bewegen und mit einem leichten Geruch nach Blut und Boden-Dichtung behaftet sind.

Merkenschlagers Kaspar-Hauser-Buch dagegen tritt eher sachlich auf, lässt sich lesen als eine Stellungnahme gegen die gängigen Baden-Prinz-Spekulationen, auch gegen Wassermanns Roman, und war in einem Sinne vielleicht sogar seiner Zeit voraus: Kaspar, bei Merkenschlager ein einfaches Bauernkind, wird geschildert als Produkt und Opfer einer von der Stadt Nürnberg ausgehenden Medien- und Tourismus-Maschinerie. Man stelle sich nur mal den Hype vor, den ein heutiges Auftreten eines Kaspar Hauser auslösen würde, um die Aktualität dieses Ansatzes zu bemerken.

Aber dann eben auch Merkenschlager in seiner ganzen Zwiespältigkeit: Ein glühender Nationalsozialist der allerersten Stunde, der wenig später – als ein von der Pflanzenbiologie kommender und selbst in rassenbiologischen Kategorien denkender, aber nur seinen Erkenntnissen verpflichteter Wissenschaftler – zu einem der grundsätzlichsten Gegner der NS-Rassenlehre in Deutschland wurde, diese gleichsam mit ihren eigenen Waffen schlug, und der auch nicht von seiner Meinung abließ, als diese ihm Berufsverbot und KZ-Haft einbrachte.

Auch wenn die NS-Rassenkunde jede Art von Rassenlehre desavouiert hat, auch wenn heutige Genforschung sicher auch Merkenschlagers Theorien widerlegt und überholt haben mag – was ich als Laie überhaupt nicht beurteilen kann – finden sich bei Merkenschlager doch zumindest Bekenntnisse über den hohen Wert der Rassenmischung, ein Plädoyer gegen den Vorrang einer Rasse über eine andere und die Lehre von der jeweiligen geschichtlichen und geographischen Ausformung von Rassemerkmalen und deren Folgen für die Psyche der Völker statt starrer Zuordnungen. Dies eine Haltung, die noch heute so manchen Erfolgsautor, der mit festen Merkmalszuschreibungen argumentiert, beschämen könnte. Doch, und dies ist wiederum die andere Seite: Der auch von Merkenschlager behauptete Zusammenhang von Rassemerkmalen und psychischer Disposition, wenngleich nicht im statischen, sondern »dynamischen« Sinne, lässt, verkürzt gelesen, immer noch ein Hintertürchen für Rassisten offen.

Merkenschlagers Bemerkungen über die Eigenschaften der Franken, für ihn eine Mischung aus Franken, Wenden und Alpenbewohner, die östlich der Muschelkalk- und Weinbaugrenze um Würzburg siedeln, finden sich auch heute immer wieder in Feuilletons, Leserbriefen, Stammtischäußerungen und Typisierungen der Kabarettisten wieder. Da ist bei Merkenschlager die Rede von einem »Mensch der inneren Hemmungen«, der vorsichtig abwäge, dem nichts mehr zuwider sei als Sprüchemacherei. Er sei »behutsam im Lebensgenuss«, unbeweglich, herb, bescheiden, besitze ein Unterlegenheitsgefühl usw. Auch, wenn wir nicht mehr von Rassen sprechen, eher noch von Stämmen, meist jedoch nur von »den« oder über »die Franken«, so können uns Merkenschlagers rassebiologischen Irrungen und Wirrungen zum Nachdenken veranlassen, indem sie uns in übersteigerter – und damit zugleich verengter – Art und Weise vorführen, welchen Unsinn wir da eben verzapft haben, wenn wir etwa sagen, »der Franke« sei dies und das oder so und so. So wie Merkenschlager bereits bemerkte, den Germanen gebe es nicht, sollte es uns leicht fallen, zu sagen, den Franken gibt es nicht, auch wenn es mal eine Häufung von Eigenschaften gibt, die in anderen Gegenden seltener zu finden sind.

Eine grundsätzliche Auseinandersetzung mit Merkenschlager, für die die Biographie des Georgensgmünders Autors Gerd Berghofer einiges an Material bereit gelegt hat, steht noch aus. Ob sie mehr bringen könnte, als eine teilweise Rehabilitation von Merkenschlagers Irrungen, ob das Erhellende hell genug zu leuchten vermag, ist indessen fraglich.

O

Ortsteile

Wanderungen nach Obersteinbach, Beerbach, Wassermungenau, Dürrenmungenau, Ebersbach, Kapsdorf, Kleinabenberg und Bechhofen

Meinen Spazierweg dache ich mir als eine Forschungsreise in die südlichen und westlichen Ortsteile der Gemeinde Abenberg. So verließ ich am Ortsende die nach Spalt führende Straße, die seit Monaten aufgegraben ist. Als fast natürlich möchte man es schon bezeichnen, dass am Waldrand eine Kapelle und ein →Marterl steht, dort, wo der Weg parallel zur Straße an zwei Waldweihern vorbei nach Obersteinbach führt. Dabei überschreitet man bald die alte Orts- und Territorialgrenze, und so findet man am Rande des Waldweges, wo wohl die alte Straße verlief, einen von ehemals 89 Fraischsteinen mit dem markgräflichen Adler auf der einen und den bischöflichen Krummstab auf der anderen Seite.

Eine halbe Stunde vielleicht mochte ich durch den Wald gegangen sein, dann sah ich hinter dessen Ende die Häuser von Obersteinbach, und davor lagen, oder sollte man angesichts der hohen Stangen sagen, standen Hopfengärten. Der Hopfen war bereits geerntet, so dass man durch das Gewirr gekreuzter Stangen frei auf das Dorf dahinter blicken konnte. Ich ging in den Ort hinein bis zur Kirche, deren Außenseite sowohl das bischöfliche wie das markgräfliche Wappen trägt, bis zu einem weiteren, an eine Kapelle erinnernden Gebäude, das vom *Glockenstiftungsverein Einigkeit* errichtet wurde. Ja, die Deutschen und ihre Vereine! Des Weiteren sah ich schnell, dass auch hier wie in Kleinabenberg, das ich tags zuvor besucht hatte, die Straßen nur die Namen von Buchstaben tragen.

In Kleinabenberg bereits hatte ich mir als scherzhafte Frage überlegt: Was hat diese kleine Dorf, das sich teils an der Straße entlang, teils zum Galgenberg hinaufzieht, mit Mannheim und New York zu tun? Antwort: Die Straßen sind nach den Buchstaben des Alphabets bezeichnet, von der Hauptstraße zweigen die Straße A, B, C, D ab. Dies enthebt die Gemeinde von der Verlegenheit, z. B. Namensgeber zu finden, die nicht unverfänglich sind wie Dichter und Turmschreiber. Doch ob eine solche Buchstabenadresse zur Identifikation der Bewohner mit ihrem Dorf oder gar ihrer Straße, zum ORT-Werden des Ortes beitragen mag? Ich sehe vor mir eine Bewohnerin, die in einem Werbespot des Bayerischen Rundfunks auftritt und sagt: »Ich wohne in der Straße B im Ortsteil Obersteinbach von Abenberg, da bin i dahoam.« Vielleicht könnte angesichts solcher behördlich verordneten Anonymisierungen das neue bayerische Heimatministerium mal seine Existenzberechtigung unter Beweis stellen.

Mein Weg führte aus Obersteinbach hinaus gleich wieder in Hopfengärten, und auf einer Tafel wurde der aufwendige Anbau des →Hopfens erläutert. Der Weg trägt den Namen *Grüner Pfad* und gleich an dessen Beginn weist eine Tafel des Projekts *Land Erleben* auf die Vielzahl der Früchte hin, die im Landkreis Roth angebaut werden. Angeblich sind es mehr Arten als anderswo im gesamten Freistaat Bayern. Schließlich kam ich noch an zwei Weihern vorbei, am zweiten angelten termingerecht gerade zwei Sonntagsangler, bis ich Beerbach erreichte.

Beerbach ist eines der zum Gemeindegebiet Abenberg gehörenden Hopfenbauerdörfer mit ein paar reichen Hopfenhäusern, etwas oberhalb der Fränkischen Rezat gelegen. Ich habe die Häuser nicht gezählt, es wäre aber kein Kunststück gewesen, dies zu tun, meine Finger hätten jedenfalls dazu fast ausgereicht. Auch in Beerbach tragen die wenigen Straßen Buchstaben als Bezeichnungen.

Hinter Beerbach führt der Wanderweg wieder in ein Wäldchen. Dort, kurz vor dem Rezattal, kommt man zu den Brunnen der Wasserversorgungsanlage der Reckenberggruppe, einer Firma wohl. Sie unterhält hier 12 Brunnen in einer Tiefe von 20 – 200 m. Die Landwirte, so heißt es auf einer weiteren Tafel, versprechen der Wasserversorgung, keine mineralischen Dünger zu verwenden, keine Pflanzenschutzmittel zu streuen, das Nitrat zu reduzieren, das heißt: eigentlich das zu tun, was sie bis vor ein paar Jahrzehnten immer getan haben. Die daraus folgenden Ertragsminderungen werden von der Wasserfirma finanziell ausgeglichen, wie auf der Informationstafel zu lesen ist. Natur hat halt ihren Preis.

Gleich danach erkenne ich, dass ich mich im Tal der Fränkischen Rezat befinde. Eine alte Brücke führt über das Flüsschen hinüber zu dem Richtung Spalt gelegenen Ortsausgang, geradeaus geht es aber mitten hinein nach Wassermungenau. Es ist wohl nach dem Städtchen selbst der größte Ortsteil der Gemeinde Abenberg, so groß, dass er richtige Straßennamen bekommen hat. Man kommt in ein neueres Baugebiet, dann über die Rezatbrücke in das alte Dorf mit einer mächtigen Kirche und gleich daneben steht die Post. Vergessen wir unseren Goethe nicht. Man kann es in den Turmschreiberbüchern nachlesen: Am 13. Juni 1788 kehrte Goethe auf dem Rückweg von seiner italienischen Reise in der Postgaststätte ein, und wie überall, wo er sein müdes Haupt niedergelegt, Messer und Gabel bedient hat, finden sich auch hier ein Schild an der Fassade des Hauses. Die Aufzeichnung sagt, er habe für 24 Kreuzer dort gefrühstückt. Ob das viel war? Wer weiß, was man ihm aufgetischt hat?

Der arme Kollege Friedrich Hebbel hat da seine Erfahrungen gemacht. Dieser, seines Zeichens einer der bedeutendsten deutschen Dramatiker des 19. Jahrhunderts, machte sich im Frühjahr 1839 zusammen mit seinem Hündchen auf den Weg von München nach Hamburg, zu Fuß natürlich, denn zu dieser Zeit war er völlig verarmt, ließ sich von seiner Verlobten mehr oder weniger aushalten. Seine Strecke führte – ich zähle nur die Wege in Abenberger Nähe auf – von Eichstätt über Weißenburg, Roth und Schwabach. Ob er dabei stets der Rezat und Rednitz entlang ging oder auf einem der alten Wege, etwa den *Weißenburger Steig* über Kühedorf nach Schwabach, ist unbekannt. Hören wir, was er später (Kopenhagen 1843) aufgrund seiner Tagebuchaufzeichnungen über seine Wanderung durch das südliche Mittelfranken schrieb:

»Abends im Löwen in Weißenburg, ein äußerst miserables Wirtshaus, wo man essen muß, was auf den Tisch gestellt wird, und nicht einmal das Recht hat, es seinem Hund zu überlassen. Ein Nürnberger Hausierer, Pflaster über einem Auge, wie in der Holbergschen Komödie, der einem hinkenden Handwerksburschen ein Rezept gegen Frostbeulen verkaufte. Wie ich höre, kann ich nach Nürnberg in einem Tage kommen, doch glaube ich dies nicht. Den folgenden Tag kam ich über Roth bis Schwabach. Roth liegt sehr freundlich, und ist protestantisch; merkwürdig war es mir, daß die Kinder- und Mädchengesichter alle viel frischer und freier waren. In Roth ließ ich mich, hauptsächlich aus Rücksicht auf mein Hündchen, verführen, zu Mittag zu essen, und mußte für das nämliche Essen doppelt so viel zahlen als ein Handwerksbursch, der dort ebenfalls aß. In Schwabach hatte ich ein sehr gutes Logis um äußerst billigen Preis.«

Postwirtshäuser waren Stationen zum Ein- und Aussteigen der Passagiere, zum Wechseln der Pferde, zum Essen und Übernachten.

Manchmal waren es luxuriöse, manchmal auch, so erzählen manche Reisende, Massenquartiere, in denen Männlein und Weiblein zusammen nächtigten. Und manchmal konnte ein Männlein auch eine wohlfeile Dirne serviert bekommen. Aber da bringt meine Phantasie doch einiges durcheinander, Zeiten und andere Länder, andere Sitten, und von Goethe und Wassermungenau sind wir mit diesen historischen Phantasien sicher längst abgewichen. Das Gasthaus übrigens machte bei meinem Besuch am Erntedankfestsonntag ganz den Eindruck, als stünde es seit Jahren leer. Im Kasten für die Speisekarten hing ein Zettel, der die Getränkepreise für die Kärwa 2012 (!), also ein ganzes Jahr zuvor, anzeigte. Ich habe in meinen ersten Notizen bei diesem Anlass über das Gasthaussterben auf dem Lande lamentiert, bevor bei meiner Einführungslesung eine Wassermungenauerin mir verriet, dass die Post noch in Betrieb sei. Das Gasthaussterben gibt es dennoch auch überall in dieser Gegend.

Eine große Anzahl Leute kamen, als ich die Tafel über Goethe betrachtete, aus der Pfarrkirche St. Andreas, einem recht großen aus neubarocken und neuromanischen Elementen gemischten Bau, der an der Stelle eines mittelalterlichen Kirchenbaus errichtet wurde. Ich wundere mich über den Zulauf, merke jedoch bald, dass just an diesem Sonntag der Gottesdienst zum Erntedankfest abgehalten worden war. Ich ging in die Kirche, mich ein wenig umzusehen, und der Pfarrer verabschiedete mich, der ich gar nicht bei seiner Veranstaltung anwesend gewesen war, mit einem Handschlag. Ein Anlass für eine weitere Gedenktafel, liebe Wassermungenauer, braucht dies allerdings nicht zu sein.

Ich bleibe im Tal nahe eines Nebenbaches der Rezat, und über mir erhebt sich die mächtige Fabrikanlage der Firma Henglein. Ein weiteres Schild des Land-Erleben-Weges erklärt die Hengleinsche Kartoffelverwertung, das Aussortieren, Entäugen, das Schälen mit Dampfbetrieb. Der weitere Weg führt im Grund an Feldern vorbei, an denen u. a. Engelwurz angebaut wird und danach immer gerade aus durch den Wald. Kaum habe ich diesen Wald verlassen, kommt auch schon Abenberg in den Blick, so richtig als Bergort ist es von hier anzusehen. Kurz vor den Hopfengärten und dem Gewerbegebiet steht die berühmte *Weiße Marter* – zumindest hat sie einen eigenen Namen – die recht neu oder auch nur renoviert aussieht.

Von Abenberg führt – vorbei an den letzten Hopfengärten und der Weißen Marter und einem in den Boden eingelassenen leicht erhabenen Betondeckel mit aufgemalten Jakobwegszeichen, das hier ganz anders gestaltet ist als etwa im Bamberger Land – ein Fußweg nach Dürrenmungenau, gerade lang genug für einen Abendspaziergang. Man trifft nach dessen Ende auf das kleine mit richtigen Straßennamen versehene Dorf, das sich größtenteils längs der Straße jeweils bergauf zieht, jedoch auch eine zweite Straße am kleinen Bach besitzt, die Angerstraße benannt ist. Dann gelangt man zu einem heute als Buswartehäuschen dienenden ehemaligen Milchhäuschen und auf einen mit Linden bestandenen Weg, der hin zu Kirche und Schloss leitet.

1278 wird Mungenau erstmals genannt. Es gab laut dieser Urkunde hier ein »festes Haus«, das heißt ein Haus aus Stein, was damals eine Seltenheit war, zur Sicherung der Fernstraße von Nürnberg nach Augsburg. Im 30-jährigen Krieg haben – ich folge hier *Wikipedia*, der unterstützenswerten freien Enzyclopädie – Schloss, Kirche und Ort schwer gelitten, der Ort fiel wüst, wie es hieß. Nach den fränkischen Adelsfamilien von Westernach und von Crailsheim kaufte 1651 der Nürnberger Patrizier Jobst Christoph Kreß von Kreßenstein das Schloss und besiedelte den zugehörigen Ort aufs Neue. Das Schloss selbst wurde aber erst 1720/25 in barocker Form wieder aufgebaut, die Familie Kreß v. Kreßenstein nutzte Dürrenmungenau als einen ihrer Sommersitze. Ende des 18. Jahrhunderts erlangte Dürrenmungenau, so heißt es, eine »kulturelle Blüte«, die vor allem darin bestanden haben dürfte, dass der hiesige Pfarrer Johann Gabriel Bezzel als Biograph selbst schriftstellerisch tätig und zudem ein Verwandter von Christoph Bezzel (1731–1740) war, der unter dem Namen Bellisander dem *Pegnesischen Blumenorden*, der ältesten noch bestehenden deutschen Dichtergesellschaft, angehörte.

1896 kam das Schloss in den Besitz der Freiherren Leuckart v. Weißdorf, die die Anlage im Geistes des Historismus umgestalteten. Eine schöne Lindenallee führt an der Kirche vorbei bis zur Einfahrt, doch der Zugang zum Park ist dem Vorüberwandernden mit einem Schild untersagt und, zumindest beide Male, als ich vorbeikam und mal schnell einen Blick auf das Schloss erhaschen wollte, auch von frei dort herum laufenden Hunden bewacht, die, obwohl nicht riesig, mir doch gehörig Respekt einflößten. Erst beim dritten Mal entdeckte ich dann den Blick von der Nord- bzw. Westseite, der eigentlichen Schauseite. Im Park hinter dem kunstgeschmiedeten Tor spazierte stilgerecht auch eine Frau mit Kindern umher, und um sie tollten die Hunde herum. Fast eine Filmkulisse.

Besichtigen konnte ich jedoch die St. Jakobus-Kirche, die, obgleich evangelisch, geöffnet hatte, und den Kirchhof ringsum. Eine Labung vor dem Rückweg war nicht möglich, das große Gasthaus, einst Brauereiwirtschaft, hat nur noch einen Tag die Woche, am Donnerstagabend, geöffnet, vermutlich, um ein paar Stammgäste, vielleicht Karter, zu bewirten.

Den abendlichen Spaziergang nach Kapsdorf und Ebersbach habe ich im Abschnitt über →Landschaften schon mal gewürdigt. In Ebersbach stehen niedliche Häuschen neben den spitzgiebeligen größeren Bauernhäusern. Gemauerte Backofenhäuschen findet man ebenso wie einen riesigen Reiterhof mit ein paar Dutzenden Autos davor. Im von Wäldern umgebenen Kapsdorf gibt es ein paar kleine Weiher und auch Hunde, die mitten auf der Straße sitzen und einem heftig bellend den Weg versperren.

Die noch fehlenden Ortsteile erreichte ich vom Heidenberg aus. Über Neumühle führt nach Überquerung der Hauptstraße eine kleine Straße, hinüber nach Bechhofen, wohl einst Pechofen genannt. Am Dorfrand erwarten mich rechts Sandgruben, links zwei Reihen gleicher kleiner Häuschen. Ich gehe die Straße nach der Rechtsbiegung bei der Kapelle in der Ortsmitte bergauf, sehe dann parallel dazu einen Weg am Wald, dort steht ein prächtiges Marterl, durchquere den Wald und stehe am nördlichen Ende des Golfplatzes. Also muss ich wieder hinüber zur Straße, die führt steil bergauf über die Ausläufer des Galgenbergs in das Doppeldorf Louisenau und Kleinabenberg, und über den Kamm des Galgenbergs gehe ich zurück, bis mich ein verschwiegener Pfad zu meiner Wohnstätte hinabführt.

P

Pilze

»Ich ging im Walde so für mich hin, und nichts zu suchen, das war mein Sinn.« (Goethe) So könnte mancher Bericht eines unfreiwilligen Pilzsammlers beginnen, und er wird in der Regel mit einem vollen Stoffbeutel enden, den er – wie auch das Messer – ›rein vorsichtshalber‹ mal auf die Wanderung mitgenommen hat. ›Eigentlich‹, das ist das Wort für solche Gelegenheiten, wollte er doch den Druidenstein suchen, doch gleich nach dem Eintritt in den Wald hinterm Kloster leuchteten nahe am Wegesrand die weißen Waldchampignons, und aus dem Waldstück leuchtete es gelb, und als sich das Auge an das Halbdunkel gewöhnt hatte, auch braun und rot heraus. Und so ging er weiter bis zum Druidenstein und dann nach Mäbenberg, und als er Abenberg wieder erreichte, war der Beutel voll, die Pilze freilich auch ein wenig gequetscht.

Dann, ein paar Tage später, ging ich nur mal schnell, gleich hinterm Haus, in dem ich Unterkunft gefunden habe, hinauf zum Galgenberg, in die Wälder der Bogenschützen, ging abseits der Wege, wovor auf Tafeln gewarnt worden war, doch nie sah ich dort einen Bogenschützen, doch dafür Pilze über Pilze und binnen einer halben Stunde war auch am Galgenberg ein Sack voll.

Und dann erst am Heidenberg: da wollte ich zunächst nichts als den Ort Kammerstein erkunden, dann in die Wälder auf alten historischen Wegen gehen, auch mal hoch zum Sendemast steigen. Verdächtigerweise nannte man einen der Wanderwege dort auch *Steinpilzweg*, den mied ich noch, doch bald war es dennoch um mich geschehen. Wenn einem mal die Pilzsammelsucht ergriffen hat, da gibt's kein Halten. Direkt am Wegesrand standen, lagen große, schon ruinöse Steinpilze, denen ich noch widerstehen konnte. Warum hat sie niemand gepflückt, als sie noch kleiner und fester waren? Vielleicht halten sich die Leute an die heute so beliebte Frau Hildegard von Bingen, die uns den Satz überlieferte: *»Pilze, welche auf der Erde wachsen, sind dem Menschen nicht zuträglich, wohl aber solche, die auf stehenden oder liegenden Bäumen wachsen; denn diese sind als Speise tauglich«* oder an den Einheimischen Konrad von Megenberg (→Mäbenberg), der im 15. Jahrhundert schrieb: *»Ez ist auch ainer ander lai swammen, die haizent etleich ze latein boletos und haizent zu däutsch pfifferling, da schol man sich for hüeten, wan si sint dick gar vergiftig und toetleich«*. Oder einfacher: man ist einfach die Champignons aus den Pilzzuchten gewohnt, da kann man sich drauf verlassen, keine Giftpilze zu essen, und außerdem sind diese ja auch nicht mit schmutziger Erde, pfui und igittigitt, bedeckt und im Supermarkt wesentlich leichter anzuschaffen.

Doch jetzt im Oktober ist ohnehin in Kiefernwäldern die große Zeit der Maronen. Deren Fruchtkörper (denn die sichtbaren Pilze sind ja nichts anderes als die Fruchtkörper eines viel größeren unterirdischen Lebewesens) standen am Heidenberg in allen üblichen Größen, und da war es wie immer: zunächst nimmt man auch größere, bereits von Schnecken angefressene, dann bietet einem die Vielzahl der Funde die Möglichkeit, immer wählerischer zu werden, und es füllt sich die Tasche mit besterhaltenen Exemplaren, und dann kam der Höhepunkt: ich fand nach vielen Jahren wieder eine Fette Henne, die allein schon genügt hätte, einen Esser wie mich satt zu kriegen. Am letzten Waldrand des Heidenbergs direkt an dem mit blauem Balken versehenen Wanderweg erwartete mich nochmals ein Maronensegen, dann wurde endlich die Beute verschnürt, in den Rucksack gepackt, das Messer tief unten verstaut und sich auf den Heimweg gemacht. Doch zwischen Neumühle und Bechhofen direkt an der Straße leuchteten in ihren orangen und grünen Farben wunderhübsche Reizker, die das Mahl würziger machen und hinter Bechhofen direkt am Golfplatz noch ein paar junge Steinpilze, und wer kann da widerstehen. Ich nicht.

Den Nachmittag hatte ich mir für das Schreiben vorgenommen, doch nun stand das Pilze putzen an. Am Abend hatte ich mich auf

ein Essen in der Wirtschaft gefreut, doch stand nun Pilzessen auf dem Programm, und die nächsten Tage wird es nicht anders sein.
Ich nehme mir vor und habe es bis zum Ende meiner Turmschreiberzeit so gehalten: Die letzten zehn Tage meines Aufenthalts werde ich über Felder gehen, Dörfer besichtigen und jeglichen Wald meiden, und wenn ich wieder zu Hause in meine Stammbuchhandlung komme, werde ich mir als Ersatz für verlorene Pilzsuchfreuden das neu erschienene Buch *Versuch über den Pilznarren* des großen Pilzsammlers und Dichters Peter Handke kaufen. So etwas zu lesen, statt selbst einer Leidenschaft zu frönen, nennt man Sublimierung, eine längst bekannte Heilmethode gegen Süchte.

Nachtrag: die eingestreuten Hinweise auf Pilzfundorte widersprechen eigentlichen den Gewohnheiten vieler Pilzsammler, auf keinem Fall ihre Fundstellen zu verraten, aber erstens fällt dies in Zeiten eines Überangebots wie in diesem Herbst leichter als in Mangelzeiten, zum zweiten bin ich ja nicht von hier und muss meine Fundstellen nicht vor unliebsamen Konkurrenten schützen. Und vielleicht nützen diese Hinweise ja dem einen oder anderen Leser mehr als das übrige Buch, weil Literatur endlich einmal praktisch wird. Und da habe ich gar nichts dagegen. – Ein weiterer Hinweis: Ein Pilzexperte aus dem Landkreis Roth, der Kreispilzberater Rudolf Rossmeissl, hat vor einiger Zeit, vermutlich Ende der 90er Jahre, das Buch *Pilzbegegnungen. Ein Streifzug durch das Reich der Pilze* verfasst, ein Sammelsurium von Pilzkunde, Geschichten rund um die Pilze, Rezepte usw. Für Pilzfreunde und solche, die es werden wollen, empfehlenswert.

Prospekt

Der Ortsprospekt von Abenberg, Ausgabe 2012, von dem Herr Binder vom Verkehrsamt noch eine große Menge bereit hält, ähnelt dem anderer Orte, was mich aber auch nicht verwundert. Er trägt auf der Titelseite einen Slogan *»Abenberg, Burgstadt mit den vielen Gesichtern«*, und abgebildet sind vor der Burg, die sich im Hintergrund erhebt, ein Golfspieler, eine ältere Frau in Tracht, ein Trompeter in Tracht, eine jüngere Frau auf einem Skateboard, eine Ordensschwester, eine Braut, ein Mensch unbestimmten Geschlechts in ritterlicher Rüstung, ein weiterer Bläser. Das, liebe Gäste, sind also die *»vielen Gesichter«* Abenbergs.

Die Liste der aufgeführten Sehenswürdigkeiten bietet ebenfalls keine Überraschung. Man fragt sich allenfalls, ob die alten Wohnhäuser in der Stadt etwa nicht sehenswert sind. Dennoch legt man in diesem Prospekt auf sachliche Informationen größeren Wert als bei vergleichbaren Publikationen. Doch die Formulierungen ähneln sich, denn längst hat sich in der Tourismuswerbung eine Text- und Bildersprache herausgebildet, die immer wiederkehrt. Man braucht nur das entsprechende Türchen, die entsprechende Schublade zu öffnen. Es ist nicht die Sprache eines Poeten oder Wissenschaftlers, es ist eine Sprache, die sich auszeichnet durch Adjektivhäufungen und Signalwörter: sehenswert, malerisch, typisch fränkisch, reizvoll, beeindruckend, faszinierend, außergewöhnlich …

Eines der Adjektive ist fast selbstverständlich ›historisch‹. Einen ›historischer Marktplatz‹ hat man vorzuweisen, wie auch auf den braunen Tafeln an der Autobahn Abenberg als eine ›historische Burgstadt‹ und im Stadtplan als ›die historische Burg-, Kloster- und Museumsstadt‹ angekündigt wird. Würde das einfache Wörtchen ›alt‹ nicht auch genügen? Meine Frage dazu lautet: Was ist nicht historisch? Oder: Ab welchem Alter fängt etwas an, historisch zu sein? Gibt es nicht auch einen historischen Sieg in der Sportjournalistensprache, der sich auf etwas Gegenwärtiges bezieht, das vorher so nicht stattgefunden hat? Ist nicht unsere Zeit auch historisch, für die nächste Generation bereits? Sind nur mittelalterliche Burgen historisch, nicht etwa auch die einfachen Einfamilienhäuschen aus den 50er Jahren, all die Gewerbegebiete an den Ortsrändern, jeweils als Erscheinungsformen ihrer Zeit? Was also, so sollte man fragen, ist nicht historisch? Bald wird auch die Nachfrage nach Historischem historisch sein.

Worüber erfährt der Fremde, der in seiner Unterkunft den Prospekt vorfindet oder ihn sich im Rathaus besorgt, etwas? Über die Altstadt, bestehend aus »stolzen Bürgerhäusern«, einem »historischen Marktplatz«, einem barocken Rathaus, dem Stilla-Brunnen, der Stadtkirche St. Jakobus mit ihrem Marienaltar und über eine Burg und einem »Städtla«, das im Umkreis des fränkischen Seenlandes liegt und den »verträumten Charme einer regional typischen Kleinstadt, reizvolle Ecken und Zeugnisse einer seit 1071 belegten Geschichte« besitzt.

Näheres erfährt er über die Burg, vor allem als Hochzeitsort, das →Haus fränkischer Geschichte, über das Klöppeln und das Klöppelmuseum, die Stadtpatronin Stilla, das Kloster, kurz auch etwas über die →Ortsteile und schließlich noch etwas über das sportliche Abenberg in seiner ganzen Vielfalt, bestehend aus →Golf, Radeln, Wandern, Reiten, Laufen, Tennis, einer Sommereisstockbahn, einem Naturbadeweiher, einer Skaterbahn, einer Buggy-Racer-Bahn. Schließlich kann man auf »gut Fränkisch« leben und genießen, eine Einführung in fränkische Gastronomie wird mitgeliefert. Auch die Feste werden aufgezählt.

Ist das Abenberg? Ich gebe mal die Frage an die Abenberger weiter. Erkennen sie sich wieder, oder ist es so, dass auch die Einheimischen bereits nur mehr das sehen, was ihnen die Fremden bzw. der Prospekt für die Fremden als sehenswert nennen?

Nachtrag: Den Prospekttextern rechne ich jedenfalls hoch an, dass sie zumindest auf den Ausdruck ›romantisch‹ verzichtet haben. Danke.

R

Ritterbrunnen

Abenberg besaß bis 1936 mehrere Brunnen in der Stadt, dann erst wurde die zentrale Wasserversorgung eingeführt. Zurück blieb nur ein Brunnen in der Stadtmitte, einer der schlimmsten im ganzen Land, über den der Abschnitt über den →Marktplatz erzählt.

Der zweite Brunnen ist im Burghof das Kunstwerk namens *Ritterbrunnen*, das im Zuge der Neugestaltung des Hofs errichtet wurde. Ein früherer Burgbrunnen stand ein paar Meter entfernt mehr im Zentrum des Burghofs zwischen lauschigen Bäumen, und als man ihn zuschüttete, fanden die Arbeiter noch einige vom Schacht ausgehende Gänge, was sogleich der alten Sage Nahrung gab, es habe einst einen unterirdischen Gang zur acht Kilometer entfernten Burg Wernfels gegeben, eine äußerst unwahrscheinliche Geschichte, völlig unmöglich fast, technisch und vor allem kostenmäßig kaum zu bewältigen. Aber es ist eine der Geschichten, mit denen man Burgführungen die nötige Würze verleihen kann, zumindest für die Kunden, die eine gleiche Geschichte nicht schon von anderen Burgführungen her kennen.

Der Ritterbrunnen aber wurde in eine Ecke des Burghofs gezwängt. Er besteht aus einem kalksteinernen Ritter, der vor einem Halbreliefabdruck in den Ausmaßen seines Körpers in der Steinwand dahinter aufgestellt ist, und eine Lanze in den Händen hält, aus der zuweilen Wasser in ein Brunnenbecken fließt. Er wurde von Verena Reimann aus Georgensgmünd geschaffen, die auch das durchaus sehenswerte Klöppelkunstwerk am Kreisverkehr am Abenberger Gewerbegebiet und das dem Ritterbrunnen sehr ähnliche Spalatindenkmal in →Spalt konzipiert hat.

Die Lanze (»die einstmals Blut vergoss«, heißt es in der beigefügten Erklärung), die der Ritter – etwa in Bauchhöhe – von sich wegstreckt, senkt sich etwa alle fünf Minuten Richtung Brunnenbecken, und das dann aus ihr fließende Wasser erschreckt jedes Mal auf's Neue den in seine Lektüre versunkenen Turmschreiber, der auf einer Bank im Burghof sitzt und vergeblich nach Literaturfreunden Ausschau hält. Ein freudianisch geprägter Mensch denkt sich die Lanze gleich etwas tiefer am Körper, zumal auch die Form des Beckens an weibliche Formen erinnern mag, zumindest, wenn männliche Phantasien mit einem durchgehen. Aber das Ganze läuft, wie wir wissen, natürlich gänzlich im Unterbewusstsein ab und verrät vielleicht doch unbeabsichtigt auch etwas über den geheimen Reiz des wirklichen mittelalterlichen Lanzenkampfes und auch heutiger männlicher Schießerei. Aber Freud ist längst nicht mehr in Mode, der Brunnen ist somit unverfänglich, und so lasst uns an ihm erfreuen, sofern wir ihn überhaupt wahrnehmen in seinem Eckchen.

Eine mir unbekannte Dame, die wohl auf der Burg tätig ist, fragte mich, ob ich auch über den Brunnen etwas schreiben wolle, was hiermit geschehen ist. Was sie sich davon versprach und ob ich hiermit ihren Erwartungen genügen konnte, weiß ich allerdings nicht.

S

Schott-Familie

Schottenturm

Auch wenn der Turmschreiber sich nunmehr in einem wenig behaglichen Erdgeschossraum des Schottenturms auf der Burg Abenberg aufhält, soll der Turm doch besonders erwähnt werden. Wie bekannt, waren niemals Schotten dort, es sei denn als Gäste des Burghotels, auch ist trotz einer Zweifarbigkeit des Fachwerks kein Schottenmuster zu erkennen. Freilich könnte man die Schotten dicht machen und niemanden hinein und heraus lassen, doch befinden sich dort die Gästezimmer des Burghotels, eines für seine Welt- und damit auch Turmoffenheit bekannten Hauses.

Gut, wir wissen es alle aus der obigen Übersicht über die Ahnengalerie der →Burgbesitzer: das Ehepaar Schott, Anton und Laura, ehemals Burgherr und Burgfrau auf Burg Abenberg, sind Namensgeber dieses Turms, den sie in einer romantischen historistischen Anwandlung auf der Burg errichten ließen.

1881 erwarb der 35-jährige königlich-württembergische Artilleriehauptmann der Reserve und gefeierter Kammer- und Wagnersänger Anton Schott, »eine hünenhafte Reitergestalt mit kindlicher Seele«, so sein Freund, der Maler Wilhelm Beckmann, die Burg um die für damalige Verhältnisse stolze Summe von 18 000 Mark und bald darauf auch einige benachbarte Grundstücke und schenkte sie seiner Frau Laura, geb. von Schroeder, aus fränkisch-schwäbischem Adel, Enkelin einer Freifrau von Berlichingen. Angeblich soll die an der Burgmauer stehende Kanone den Ausschlag für den Kauf gegeben haben. Das Kind im Manne Schott hatte entschieden, sonst gäbe es weder Burghotel, Stillasaal und eben auch keinen Schottenturm und somit vermutlich auch keinen Turmscheiber.

Den Turm ließ Schott 1884/85 aus Sandsteinquadern errichten, das Nassauer Haus in Nürnberg soll Vorbild gewesen sein. Darin sollten Küche, Zimmer und ein Hopfenlager Platz finden. Dass gerade dieser Turm für viele heute einen besonders ›romantischen‹, gar mittelalterlichen Eindruck erweckt, führt dazu, dass so manche kleine Hochzeitsgesellschaft sich auf der pflanzenumrankten Treppe, die zum Eingang der Turmschreiberbüros (respektive museumsdidaktischen Raums) führt, fotografieren lässt.

Auch ließ Anton Schott für seine protestantische Frau eine als Schafstall genutzte Scheuer zur evangelischen Burgkapelle ausbauen, so dass die fromme Frau Laura nicht mehr bis Dürrenmungenau zum Gottesdienst fahren musste, dafür musste der dortige Pfarrer nunmehr nach Abenberg fahren oder zu Fuß gehen. In der Mitte des Schlosshofes wurde an Stelle eines Teiches ein Bassin errichtet, das ein späterer Schlossbesitzer dann zu einem Swimmingpool umbaute, der im Zuge der letzten Umbauten zugeschüttet wurde. Schade, werden die Hotelpächter sagen, wie gut ließe sich doch heute dort ein Strandevent aufziehen.

Die Schotts führten ein repräsentatives Leben als Burgherr und Burgfrau, »man war Schlossherrschaft«, schrieb die Schwester, und auch das bereits genannte Abenberg-Bild von August Lohr, der dort zu Gast war, zeigt sie in dieser Pose. (→Ansichten) Da Anton Schott als Heldentenor besonders im Winter viel auf Tourneen war, luden er und seine Angetraute vor allem im Sommer, wenn er wieder in seine Schlossherrenrolle geschlüpft war, viele Gäste auf die Burg: Militärkameraden, ein paar Künstler, Freunde der Frau aus dem Schwäbischen, ein paar Landadelige. Man vertrieb sich die Zeit mit der Hühnerjagd, mit dem Fischen, allerlei Spielen, Ausritten, Fußpartien und auch Gesang, und genoss die Kochkunst.

Lisa Kräher, die Journalistin von *Franken*, dem *Magazin für Land und Leute*, die mich auf der Burg besucht hatte, schrieb in ihrem Artikel *Burgherren und Klöppelfrauen* (Nov./Dez. 2013): *»Anton Schott hätte einen Gast wie Gasseleder mit offenen Armen empfangen. Genoss der einstige Burgherr, der hier Ende des 18. Jahrhunderts einzog, doch stets die Gesellschaft von Denkern, Dichtern und anderen Künstlern.«*

Ich glaube das weniger. Außerdem bleibt die Frage, ob umgekehrt ich die Schotts gerne besucht hätte. Ich glaube nein. Weilten doch dort stets auch einige von Anton Schotts Militärkollegen und – wohl eher als Freunde der Frau – fromme Pastoren und auch ein Herr Frank Nathan Daniel Buchman, der sich 1908 gerade in Neuendettelsau befand und der später Hitler als Bollwerk gegen den Kommunismus feierte. Er gründete und leitete eine Organisation namens *Moralische Aufrüstung*, in deren Propagandafilme bayerische Schulklassen wie die meinige noch in den 60er Jahren geführt wurden, weshalb er mir unangenehm in Erinnerung geblieben ist. Aber auch die Künstler, die dort zu Gast waren, gehörten nicht gerade zu den armen Poeten und Malern, mit denen ich lieber Umgang pflege, auch nicht zu den bedeutenden Vertretern ihres Fachs, sondern qua Herkunft zu einer repräsentativen gesellschaftlichen Elite. Was Herrn und Frau Schott betrifft: Ich habe beileibe nichts gegen, fränkisch gesagt, ›spinnerte‹ Künstler, aber ein wenig großspurig dürfte der Herr Kammersänger doch als Schlossherr aufgetreten sein. Nicht unbedingt mein Fall.

Da bin ich als Demokrat doch lieber Gast des gemeinnützigen Zweckverbands Burg Abenberg.

Spalt

In Spalt, in Spalt / dou wern die Leit gor alt. / Sie kenna nix dafier / dös macht ös goute Bier«, lesen wir auf den Bierdeckeln der Spalter Brauerei, Erzeugerin des stark gehopftem reizvoll bitteren Bieres, an das auch ich als Dunkelbiertrinker mich durchaus gewöhnen könnte. Dieses hat zu der Bekanntheit des Ortes einiges beigetragen, vermag eine Brauerei doch selbst so winzige Orte wie die nicht allzu weit entfernten Dörfchen Pyras oder Pahres zu einem gewissen Bekanntheitsgrad verhelfen.

Doch das ist ja nicht alles. Viel gelobt wird die Stadt Spalt als Hopfenstadt, und diese Eigenschaft hat architektonische Folgen. Sehr viele Häuser sind mit fünf- oder sechsstöckigem Dachgeschossen gebaut, in denen der Hopfen getrocknet wird und die deshalb mit Luftlöchern und Aufzugsvorrichtungen versehen sind.

Doch bevor Spalt Hopfenstadt wurde, war es, man glaubt es kaum, ein renommierter Weinort. Der Name des Nachbardorfs Großweingarten zeugt neben anderen Flurnamen heute noch davon. Sogar Karl der Große sollte aus Spalt Wein bezogen haben, aber ihm hat man bekanntlich ja vieles untergeschoben. (Man braucht nur die Bücher des Historikers Johannes Fried zu lesen, der uns vor allem an Karls Beispiel zeigt, wie unzuverlässig geschichtliche Überlieferung überhaupt ist.) Die Ablösung des Weins durch das Bier scheint sich ab dem 14. Jahrhundert vollzogen zu haben, denn als um 1300 infolge von Abholzungen der Wälder die Temperaturen sanken, so wenigstens die Erklärung von Haag, als der Wein so immer saurer wurde, wurde Spalt zur Bierstadt. Ab 1330 werden in den Spalter Annalen erstmals Hopfengärten genannt, 1407 gab es schon derer 18 im Ort, und 1446 verzeichnete man neben dreizehn Weingärten schon eine Mehrheit von fünfzehn Hopfengärten.

Bier gab es allerdings schon länger, nur wurde es nicht mit Hopfen gebraut, man verwendete so scheußliche Sachen wie Baumrinden zum Haltbarmachen. Als man mit dem Brauen im großen Stil begann, waren in Spalt wie anderorts zunächst die Klöster die Vorreiter, denn bei zeitweise 141 Fastentagen im Jahr war das Bier für Mönche wie Nonnen eine ebenso erlaubte wie nahrhafte Essensbeigabe. Die ersten Wirtschaften mit Braurecht, die in Spalt öffneten, wurden so auch hauptsächlich für Pilger, Wanderer und Kranke von den beiden Stiften unterhalten. Auch ein eigenes Wirtshaus für durchziehende lizensierte Bettler, die an Samstagen in Spalt umsonst verköstigt wurden, soll es gegeben haben. Schließlich kam man auf neun Brauereien im 17. Jahrhundert, in einer Zeit, in der überwiegend Rauchbier gebraut wurde. Erst im letzen Jahrhundert erfolgte die Konzentration auf die eine Brauerei und das bittere Pils.

Die Spalter Brauerei grenzt an eine ansehnliche, fast durchgehende Stadtmauer, die zur Bergseite hin mit einem Graben versehen ist. Und diese wird unterbrochen von einer Reihe von Türmchen oder Turmhäuschen, die ihr aufgesetzt sind oder sich an sie lehnen. Alles macht einen recht schnuckeligen Eindruck, ohne allzu glänzend aufgeputzt zu sein. Mächtig erheben sich in der Stadtmitte auch gleich zwei große Kirchen. Vor einer sieht man auch das Standbild des aus Spalt stammenden und sich nach Spalt nennenden Spalatin, der aus seinem Umriss in der dahinter stehenden Mauer herausgetreten scheint und an den Abenberger →Ritterbrunnen erinnert, was kein Wunder ist, stammt das Denkmal doch von der gleichen Künstlerin.

Spalt hat auch eine wundersame Einrichtung im Wiesengrund, einen Fotografierrahmen.

Blickt man hindurch, kann man mit einiger Mühe wie beim Blick durch den Sucher einer Kamera die Umgebung ausblenden und hat somit ein Freilandfoto vor den Augen. Eine solche Einrichtung, die man zuweilen auch andernorts findet, gibt Gelegenheit zu manchen kunsttheoretischen Überlegungen. Was ist ein Bild? Entsteht es in unserem Kopf? Gibt es die Wirklichkeit hierzu wirklich? Braucht jedes Bild eine Begrenzung, einen Rahmen?

Ansonsten gäbe es zwar noch einiges Löbliche über die Abenberger Nachbarstadt hinterm Berg zu sagen, aber das tue ich nicht, sollen sie sich doch nicht nur einen Turmfriseur, den es laut dessen Schild tatsächlich gibt, sondern auch ihren eigenen Turmschreiber halten. Türmchen hierfür gibt es dort wahrlich genug.

Stadtbücherei

Die Bezeichnung *Stadtbücherei* für die Einrichtung im Hinterhaus des Abenberger Klöppelmuseums klingt ja etwas großspurig, aber da Abenberg ja eine Stadt ist, ist sie völlig richtig. Frau Kuhn hat heute, als ich der Bücherei meinen Besuch abstatte, Dienst. Am Sonntag sahen wir sie noch auf der Burg klöppeln. Hier scheint jeder, jede Kulturinteressierte in Mehrfachfunktion tätig zu sein. Denn sie betreibt außerdem, jenseits der 70 ist sie schon, Ahnenforschung für die Abenberger Familie.

Frau Kuhn ist eine von neun Menschen, die ohne jegliche Geldzuwendung die Bücherei betreuen. Diese ist aus der katholischen Pfarrbücherei hervorgegangen, was man am Altbestand merkt, nun beteiligt sich die Stadt gemäß eines Vertrages mit etwa der Hälfte an den Kosten und stellt überdies Sachmittel und das Domizil bereit.

Der Etat für Neuanschaffungen beträgt nur ein paar hundert Euro im Jahr. Ich sehe, dass man dennoch um Aktualität bemüht ist. Ein Buch der erst vor zwei Wochen gekürten Nobelpreisträgerin Alice Munro steht schon im Regal. Einen breiten Raum unter den rund 1000 Büchern aber nehmen die Kinder- und Jugendbücher ein. Mich erstaunt zu hören, dass die Zahl der kindlichen Benutzer mit Beginn der Schulzeit jedes Jahr wieder vorübergehend sinkt. Manche Eltern wollen, so Frau Kuhn, ihre Kinder außerhalb der Ferien nicht mehr in die Bibliothek lassen, sie sollen für die Schule lernen, statt nur zu schmökern. Am erfolgreichsten bei den Kindern, lese ich zufällig, sind *Petterson und Findus, Dr.Brumm, Carles Tier-ABC*, dazu Feuerwehrbücher, Bücher über Baumaschinen und Traktoren, Polizei, über Burg und Ritter. Na ja. Für einen, der mal zur Zeit des sogenannten kritischen Jugendbuchs aufgewachsen ist, eine kleine Enttäuschung.

Was findet der Literaturinteressierte sonst in Abenberg? Die Buchhandlung, über die der erste Turmschreiber noch ein paar Zeilen verliert, gibt es nicht mehr. Und literarische Zirkel? Ein Literaturkreis liest zusammen gerade zeitgenössische Novellen. Durchaus lobenswert, aber muss das gerade an dem Tag sein, an dem der Turmschreiber seine Abschiedsvorlesung hat, oder muss die Abschiedslesung gerade an dem Tag sein, an dem der Literaturkreis das letzte Mal zusammen kommt. Solche Terminüberschneidungen kenne ich von Orten mit weit größerem Literaturangebot. Hier hätten sie sich vermeiden lassen, und einer meiner Vorgänger, der aus mehr als fünfzig Kilometer Entfernung angereist ist, kann es gar nicht fassen, andere finden es bloß »unglücklich«. So bekomme ich den Kreis und dessen Mitglieder nicht zu Gesicht. Andererseits wurden meine beide Lesungen von solch einer großen Zahl von Menschen besucht, wie sie in großen Städten nur zu Performances und Lesungen von Fernsehstars kommen, wenn nicht in absoluten Zahlen, so doch hochgerechnet. Für ›kleine Autoren‹ gilt, in freier Abwandlung eines Spruchs von →Jean Paul: man lese vorzugsweise in kleinen Orten.

Ein Kontrastprogramm zum kleinstädtischen Buchangebot stand für mich im Oktober ohnehin an. Zwei Tage war ich aus Abenberg fort, war nach Frankfurt zur Buchmesse gefahren. Was tue ich dort fast jedes Jahr, frage ich mich immer wieder? Nur wenige meiner Bücher werden bei Verlagen verlegt, die zur Creme der Verlage gehören, die es sich leisten können, dort auszustellen – und auch diese sind längst auf der Backlist, also über ein Jahr alt, so auf der Messe nicht mehr zu sehen und damit praktisch unverkäuflich. Mehr als achtzigtausend neue Titel erscheinen jährlich in deutscher Sprache, und von all diesen Büchern kommt nur ein kleiner Teil auf die Buchmessen und von denen ein noch kleinerer Teil in die Buchhandlungen, die Bestbeworbenen in der Regel. Und die Abenberger Stadtbücherei kann davon vielleicht zwei Dutzend im Jahr anschaffen. Unter diesen Gesichtspunkten lohnt es sich, über die Freiheit des Wortes, der Kunst, der Information nachzudenken. Ist sie von der Verfügbarkeit, das heißt letztlich von finanziellen Gegebenheiten, überhaupt zu trennen?

Stilla und ihre Kinder

An Stilla kommt kein Abenberger Turmschreiber vorbei. Selbst wenn er den Stillabrunnen am Stillaplatz ignoriert, das Stillatürmchen und den Stillasaal auf der Burg, selbst wenn er kein Stillamenü im Burghotel für zwei Personen für 99 Euro verzehrt, die Vielzahl von Stillamarterln in der Flur und die Stillaapotheke beim Unteren Tor und den Stillakindergarten nicht wahrnimmt, selbst wenn er die Klosterkirche mit dem Stillagrab und den Stillastatuen und Stillabildern nicht besucht, was schon recht ignorant wäre, selbst wenn ihm am Friedhof die vielen Grabsteine mit dem Namen Stilla nicht auffallen und er beim Rockerbäck keine Stilla als Verkäuferin oder Kundin wahrnimmt, wenn er also stillablind und stillataub durch die Stadt und die Umgebung läuft, wird es ihm passieren, dass – wie in meinem Fall – die Heimatzeitung, die *Erlanger Nachrichten*, titelt: »*Turmschreiber auf Stillas Spuren*«.

Was hat es also mit »Stilla und Abenberg« auf sich? Versetzen wir uns in das hohe Mittelalter, in das 12. Jahrhundert. Das dürfte nicht allzu schwer sein, denn fast alles, was wir gemeinhin mit dem Mittelalter verbinden, das Leben auf der Burg, die höfischen Feste, Turniere, Minnesänger, die die Burgfrauen besingen, trifft für Stillas Zeit oder die paar Jahrzehnte danach am ehesten zu. Auch für Abenberg? Wenn Wolfram von Eschenbach schreibt,

In die burc der küene reit,
ûf einen hof wît unde breit.
durch schimph er niht zetretet was
(da stuont al kurz grüene gras:
da was buhurdieren vermiten),
mit baniern selten überriten,
alsô der anger z'Abenberc

dann zeigt es, zumindest in der häufigsten Lesart, dass zu Wolframs Zeit, etwa ein halbes Jahrhundert nach Stillas Tod (um 1150) eben nicht viel los war, was derlei →Events anbelangt. Und zuvor?

Das wissen wir nicht. Denn Genaues ist von Stilla nicht überliefert, und wer mal ein wenig mit mittelalterlichen Überlieferungen zu tun hatte, weiß, dass in den wenigen damaligen Aufzeichnungen, sofern es sich nicht um Rechtsdokumente handelt, reale Geschehnisse, beschönigte oder bösartig verzeichnete Geschehnisse, Erzählungen, Legenden miteinander verwoben sind, und jede Aussage, sprechen nicht mehrere unabhängige Rechtsquellen davon, nicht wahrscheinlicher ist als ein Bericht der Regenbogenpresse heute über das Liebesleben eines Prinzen. Dass einige kluge Köpfe das auch schon vor drei- bis vierhundert Jahren wussten, zeigt eine Äußerung des Pfarrers Johann Ludwig Heim (1704–1785), die ich gerade in Großmanns schönem Burgenbuch gefunden habe:

»Die Menschen (...) können nicht anders schreiben als nach ihrer Einsicht und den vorhandenen Urkunden oder Nachrichten. Die Einsicht aber stammet insgemein von den menschlichen Absichten ab: da nun diese ohnehin von Natur mangelhaft und verdorben sind (...) so träget sichs dann auch gar oftmahls zu, das manches Unrichtiges mit einfliesset. Die Documenta und Nachrichten kommen gleichfalls von Menschen her wessentwegen sie manchmal mit ziemlichen Unwahrhei-

ten beflecket sind, welche zwar von einem, der Sachen Verständigen und Unpaßionierten zugleich eingesehen, von einem anderen aber nach seiner Ab- und Einsicht, vor die grössesten und glaubwürdigsten Wahrheiten ausgegeben werden (...).«

Einen derart aufgeklärten Pfarrer würde ich manchem leichtgläubigen Historiker, ob er sein Handwerk nun als professioneller Historiker oder als Amateur betreibt, als Korrektor wünschen.

Stillas Geschichte bzw. die Geschichten um Stilla will ich nicht oder nur in aller Kürze für alle Nicht-Abenberger wiederholen, denn dass sie ein Abenberger (die Zugezogenen nicht eingerechnet) nicht kennt, halte ich kaum für möglich. Stilla war, so viel dürfte feststehen, ein adeliges Fräulein aus dem Hause der Grafen von Abenberg, das vielleicht mit dem Taufnamen Hadewig hieß und das die Kirche St. Peter an dem der Stadt gegenüber liegenden Hang gründete. Sie finanzierte wohl auch deren Bau, entweder mit Hilfe ihres Bruders (ihrer Brüder) oder durch den Einsatz ihrer ihr zustehenden Mitgift, aber auch in diesem Fall dürfte die Kirchengründung nicht gegen den Willen des Grafen geschehen sein. Sie hat auch hernach, so geht die Erzählung, in Form von christlicher Barmherzigkeit einen Teil dessen an die Armen zurück geschenkt, das ihre Brüder diesen Leuten zuvor an Abgaben abgenommen hatten, um damit den aufwändigen Lebensstil zu finanzieren. Immerhin: Sie hätte sich, statt fromme Taten auszuführen und anstatt ihr Leben in stiller Abgeschiedenheit zu verbringen, auch von Minnesängern huldigen oder sich gewinnbringend verheiraten lassen können.

Alles andere, was in alten Historien und Legenden seit dem Ende des 16. Jahrhunderts über Stilla erzählt wird, findet man auch an anderen Orten mit anderen handelnden Personen in ähnlicher Weise. Etwa, dass sie sich den Anordnungen ihres Vaters und/oder ihrer Brüder widersetzte, die sie in der familiären Grablege in Heilsbronn bestatten wollten. Statt dessen wollte sie dort ihre Ruhestätte finden, wohin ein Schleier, in anderen Fassungen ist es ein Handschuh, den sie von der Burg aus in die Luft warf, hinfliegen würde, und – dramaturgisch völlig richtig – war das dann die etwa zwei Kilometer Luftlinie entfernte Kirche am Gegenhang, wo sie letztlich auch begraben ist. Ebenso erzählt man, dass sie nach ihrem Tod noch mit zwei Pferden (oder weniger vornehm: Ochsen) im Bunde war, die ihre Leiche eigenmächtig an ihren Wunschplatz in der Peterkirche statt nach Heilsbronn zur etwa fünfzehn Kilometer entfernten Familiengruft beförderten (was ihnen, nebenbei gesagt, auch einiges an Zugarbeit ersparte). Angesichts des je eigenen Wahrheitsgehaltes von Legenden ist es natürlich müßig, mit den Gesetzen weltlicher Physik zu operieren, etwa zu fragen, ob es Aufwinde gibt, die einen Schleier über das Tal tragen können, ebenso wenig wie das Gehen über einen See oder leibhaftige Himmelfahrten sinnvoll physikalisch zu betrachten sind. Tatsache sind das Vorhandensein der Sage oder Legende und der Glaube der Menschen daran und die Auswirkungen dieses Glaubens. Es ist ohnehin das Wunderbare und nicht das Wahrscheinliche und Erwartete, das Menschen zur Religion hinzieht.

Was sonst noch von Stilla erzählt wird, dient der Ausschmückung ihres vorbildlichen Charakters, also der religiösen Pädagogik. Sie habe zusammen mit ihren drei Dienerinnen mit den sprechenden Namen Gewerra, Wiederbring, Wiederkhuma »gar ein tugendsames heiliges

Leben geführt«. Auch war die heilige Stilla »... *in allen Tugenden ... sonderlich der Demütigkeit und Barmherzigkeit von den anderen allen vortrefflicher, hatte sich allezeit mit Fleiß und großer inbrünstiger Begierde geübt, den Armen und Kranken zu dienen und das lieb heilig Almosen mildiglich mitzuteilen; darum kamen alle zu ihre als zu einer Mutter, daß sie dieselben speiste, tränkte, tröstete, pflegte und wartete wie immer eine Mutter ihre Kinder. Und wann sie ihren heiligen Segen über die Presthaften und schadhaften Menschen machte, so wurden sie gesund.*«

Ob sie wirklich ›Stilla‹ getauft war? Oder ob man ihr den Namen als sprechenden Beinamen verlieh, zu Lebzeiten oder gar später. Auch das wissen wir nicht. Ihr Name ist mir, der ich das Laute zumeist verabscheue, jedenfalls nicht unsympathisch, wenn man auch im Sinne der Frauenemanzipation vielleicht die Stillen und Sittsamen heute weniger mag. Doch unklar bleibt, ob er tatsächlich eine ›stille Frau‹ bezeichnen sollte. Einige schreiben, es sei eine Kurzform von Stillfrieda, was ja tatsächlich ›die Stille‹ bedeuten könnte, andere bringen sie aber mit Stella, dem Stern, in Verbindung. Bleiben wir bei der stillen Stilla und erklären sie zur Heiligen der geistigen Arbeiter, so wie ein unheiliger Patron von mir, Robert Gernhardt, mal forderte, man solle das 11. Gebot einführen: Du sollst nicht lärmen.

Die Verehrung Stillas soll bald nach ihrem Tod eingesetzt haben. Wallfahrten zu ihrem Grab gab es zumindest bis zur Stilllegung des Klosters. Aus der Nähe und den weiteren Orten der Region kamen Gläubige zu ihrem Gedenktag. Diese durchgehenden Wallfahrten wurden bestätigt, als es darum ging, ihre Verehrung als Selige auch kirchenoffiziell zuzulassen. Denn das war das einzige Argument, das man in Rom für ihre Seligsprechung gelten ließ, denn mit nachgewiesenen und bestätigten Wundern, einem Martyrium oder mit besonderen Verdiensten um die Kirche, den Kriterien, die der Vatikan im 19. Jahrhundert für die Anerkennung als Heilige aufgestellt hat, kann sie nicht aufwarten – ebenso wenig mit einem Papstvorteil.

Aber sie blieb eine Lokalheilige. Großen Reichtum erlangte Abenberg mit ihr nicht, wie manch anderer Wallfahrtsort mit seinen Heiligen, wo man eifrig die Werbetrommeln für die Wallfahrten rührte, die Geld in die Kassen der betreffenden Kirche und der Gemeinde brachten.

Bleibt die Frage: Wie sieht es mit den Reliquien aus? Als mögliche Überreste galten vor der Überprüfung 1884 das Grab Stillas, ihre Gebeine und die Erde, in die die Gebeine gebettet sind. Man kam zum Ergebnis, dass sich kein Beweis für die Echtheit der Gebeine bringen ließen, zumal man die Knochen mehrerer Menschen bei der Grabung fand. Lediglich die in einer tieferen Schicht liegenden Fußwurzelknöchelchen, die »unter nötiger wissenschaftlicher Beobachtung und Genehmigung des Bischofs« von einer bischöflichen Kommission ausgegraben und gefunden wurden, fanden bei dieser Gnade. Zur Beweisführung der bischöflichen Kommission sollte ich sagen, dass es mich als gänzlich Außenstehenden immer wieder verwundert, dass in einer Religion, wo grundsätzliche Glaubensinhalte naturwissenschaftlichem Denken widersprechen und glaubende Hingabe erfordern, man im Kleinen immer wieder um eine historisch und archäologisch wissenschaftliche Beweisführung bemüht ist, und so mittlerweile auch einst volkstümlichen Heiligen wie St. Georg und St. Christopherus, deren Existenz nicht nachzuweisen ist, den Status eines Heiligen aberkannt hat.

Mehr aber würde mich die Frage interessieren: Was bedeutet Stilla für Abenberg? Ich greife hierbei nach einem Ball, den Gerd Scherm uns, seinen Nachfolgern als Turmschreiber, zugespielt hat. Für ihn sind die Abenberger »Stillas Kinder«. Ich stelle mir vor, die Lokalheilige (ob nun heilig oder selig tut nichts zur Sache) besitzt eine, wie man heute sagt, identitätsstiftende Wirkung. Alle Kinder, auch die protestantischen, werden zu Hause die frommen Sagen erzählt bekommen oder sie werden sie in der Schule lernen, alle katholischen Bewohner werden Gottesdienste nahe ihrem Grab besucht haben. Dazu kommt der Name Stilla, den es fast nur hier gibt und zwar recht häufig. Eine Zählung vor ein paar Jahrzehnten ergab mehr als 1000 (?) Stillas im Umkreis. Da der Name woanders kaum anzutreffen ist, ist dies ein, modern ausgedrückt, ›Alleinstellungsmerkmal‹, d. h.: Trifft man irgendwo auf der Welt auf eine Stilla, kann man sich ziemlich sicher sein, eine Abenbergerin oder die Nachfahrin einer Abenberger Familie vor sich zu haben.

Bleibt immer noch die Frage, ob die Abenberger und Abenbergerinnen durch Stilla oder auch aufgrund anderer Besonderheiten anders sind als Bewohner vergleichbarer Städtchen? Natürlich nicht ein jeder einzelne, sondern allgemein, idealtypisch sozusagen. Eigene Erfahrung hilft mir da nicht weiter. Und eine soziologische, kulturanthropologische, mentalitätsgeschichtliche, oder wie wir sie immer nennen mögen, Untersuchung, die uns zeigt, ob nun die Abenbergerinnen und Abenberger etwa besonders still, fromm, keusch, also stilla-ähnlich seien, gibt es (zum Glück!) nicht. Dazu müsste man einen in Größe, Lage (Abgeschiedenheit), Berufsgliederung usw. gleichen, aber evangelischen, heiligenlosen Ort finden und dann die Leute dort nach ihren Gewohnheiten, Einstellungen usw. befragen. Aber wem würde das nützen? Politikern, die dort Einfluss nehmen wollen oder Wirtschaftsunternehmen, die ihre auf den Ort und seine Bewohnerinnen zugeschnittenen Produkte verkaufen wollen? Letztere aber haben längst durch das Internet viel genauere Profile gesammelt, und ließen sich mit frommen Waren wirklich gute Geschäfte machen, würden die Internethändler diese längst den Abenbergerinnen und Abenbergern ins Haus oder auf ihre Mailbox schicken.

Eigene maßgebliche Antworten auf die Frage nach den Besonderheiten der Abenberger und Abenbergerinnen konnte ich jedenfalls in den vier Wochen, von denen ich mich noch dazu einen großen Teil an den Schreibtisch verkrochen hatte oder in den Wäldern umherging, nicht gewinnen, aber auch vier Monate hätten da nicht gereicht, um zu einer Aussage zu kommen wie sie Gerd Scherm vorsichtig gewagt hat:

»Allerdings schien mit, rufen die Glocken hier ein bißchen energischer, ein wenig drängender zum Gottesdienst als in anderen Orten. Bei allem harmonischen Zusammenklang schwingt da noch ein Unterton mit, der ein Zögern oder gar einen Widerstand in Glaubensdingen verbietet. Es weht da etwas von dem alten Geist zwischen den Häusern, der das Oben und Unten durch schärfere Horizontlinien trennt als heute üb-

lich. Vielleicht ist dies der Preis für Traditionen, dass man sich in manchen Bereichen einer strengeren Struktur unterwirft als der allgemeine Zeitgeist es akzeptiert.«

Was mag meinem Vorgänger hier widerfahren sein, das ihn zu solcher Aussage drängte?

Aber, um den Faden noch einmal zu spinnen, sollte nicht die Besonderheit, in einem kleinen mauerbewehrten Städtchen jahrhundertelang unter eigenen Rechtsnormen zusammengehockt zu sein, den Menschen nicht auch eine besondere Prägung verliehen haben oder auch die gemeinsame Klöppeltradition Verbindendes geschaffen haben. Dazu kommt eben die katholische Prägung, wie sie nur in einigen anderen katholischen Enklaven wie in Heideck, Spalt zu spüren ist. So gab es auch nach Einführung der Religionsfreiheit etwa im Jahre 1812 nur 6 evangelische Einwohner, 1939 waren es etwa 3 Prozent und bis weit ins 20. Jahrhundert waren es unter 10 Prozent. Also: Katholizismus + Stillaverehrung + eigene städtische Ordnungen + Klöppeln, und fertig ist der Abenberger, die Abenbergerin. Oder steckt dahinter doch nur ein Vorurteil, wie wir alle sie haben und die wissenschaftlich ein wenig Gebildeten erst recht, die in der Regel das suchen, von dem sie gelesen haben; auch ich, der ich – einmal drauf aufmerksam geworden – im Sinne des Soziologen Max Weber überall dem angeblichen Mentalitätsunterschied zwischen Protestanten und Katholiken nachhorche, der ja gerade in einer katholischen Enklave inmitten eines protestantischen Gebietes besonders deutlich sein könnte.

Genaues wird kein Turmschreiber erfahren, und auch die Heimischen werden es vielleicht nicht spüren, weil sie gar nicht darauf hören, weil sie manche Eigenheiten, die sie haben mögen, ja gar nicht anders kennen. Da fällt mir dann aber doch noch eine Geschichte ein, die mir Frau Kuhn erzählt hat und die ich nur mehr rudimentär zusammen bekomme. Ein Abenberger habe eine Auswärtige geheiratet und mit nach Abenberg gebracht und man sei erstaunt gewesen, wie schnell sie sich eingefügt habe, und irgendwann habe sich heraus gestellt, dass ihre Vorfahren bereits Abenberger gewesen seien. Sonst wäre dies auch nicht möglich gewesen. Und wenn die Geschichte nicht stimmt, ist sie gut erfunden und gibt doch zumindest wieder, das man auch in Abenberg an die Besonderheiten der Abenberger und Abenbergerinnen glaubt.

Sind die Abenberger also doch Stillas Kinder? Eine verschworene Gemeinschaft mit festen Regeln oder doch eher »weltoffen«, wie es im Fremdenverkehrsprospekt verheißen wird. Hüten wir uns vor einer romantischen Beschönigung abgeschlossener ländlicher Welten und ebenso vor der Beschwörung einer Mauermentalität und vor religiösen Vorurteilen. Ganz normal sollen sie sein, die Abenberger und Abenbergerinnen, eben so wie andere auch.

W

Wegweiser

Kreislaufprobleme

Es war einmal ein Wanderer, der war den ganzen Tag schon unterwegs, und das im späten Herbst bei trübem und nasskaltem Wetter. Längst waren seine Kleider und Schuhe durchnässt, es fröstelte ihn am ganzen Körper, die Dunkelheit nahte bereits. Er wollte heute noch Abenberg erreichen, wo man ein Zimmer für ihn gerichtet hatte, aber noch lagen viele Kilometer vor ihm, und er fürchtete, durchfroren und durchnässt mitten in der Nacht anzukommen, wenn die Pforte des Gasthauses schon geschlossen hatte. Da hielt an der Straße ein mitleidiger Autofahrer an, der zwar nicht nach Abenberg fahren mochte, aber dennoch bis Ebersbach, nicht einmal drei Kilometer entfernt. Er ließ den Wanderer dort in der Nähe des nördlichen Ortseingangs aussteigen und sagte ihm noch, er möge nur den blauen Wegweiserschildchen folgen, dann könne er Abenberg nicht verfehlen, es würde kaum mehr als eine halbe Stunde dauern, bis er dort anlangen würde. Unser Wanderer sah auch bald einige Wegweiser, so einen blauen Balken, einen roten Punkt und zu seiner Freude auch das blaue Täfelchen, von dem sein Fahrer erzählt hatte: oben stand Abenberg, darunter eine 7, und der Pfeil wies ihm einen Weg nach ortsauswärts.

Über einen Wiesenweg ging er nun, dem Pfeil nach, bis er im Wald anlangte. Der bot ihm ein wenig Schutz vor dem nun wieder einsetzenden leichten Regen, dennoch fühlte er Müdigkeit in den Beinen, es drückten die nassen Schuhe, aber da er das Ziel vor Augen hatte, vergaß er alle Schmerzen. Immer gerade aus führte der Weg im Walde, er ging eine Viertelstunde, eine halbe Stunde, doch der Wald lichtete sich nicht. Dann nach einer dreiviertel Stunde hörte er das

Brummen von Autos und bald gelangte er auf eine Straße, die wohl nach Abenberg führen mochte. Hätte er versuchen sollen, ein Auto anzuhalten? Oder nächtens, ohne Beleuchtung, auf dem Asphalt gehen? Nein, da wanderte er lieber auf dem markierten Weg jenseits der Straße wieder in den Wald. Es konnte ja wirklich nicht mehr weit sein.

Nun war eine Stunde vorbei, sein mitleidiger Autofahrer war wohl selbst den Weg noch nie zu Fuß gegangen und hatte sich einfach verschätzt. Aber das Gehen fiel ihm immer schwerer, zumal es nun auch stärker regnete, und der Regen dabei war, in Schnee über zu gehen. Schließlich nahm der Wald doch ein Ende, und vor sich sah er ein paar Lichter, die in der Dämmerung schon leuchteten. Das konnte nur Abenberg sein? Er wusste vom Hörensagen, es würde dort eine Burg sich über die Stadt erheben, die aber sah er nicht, sondern lediglich am Ortsrand einen Park mit einem Schloss weit hinten. Der Pfeil am Wegweiser wies nach links, durch das Dorf hindurch, vorbei an einer Kirche. Er sah eine Bushaltestelle an einem ehemaligen Milchhäuschen, dann auch ein Ortsschild. »Dürrenmungenau« stand darauf, und der Autowegweiser zeigte an, dass es noch vier Kilometer nach Abenberg waren. Jeder, der je eine weite Strecke gegangen ist, weiß, dass, wenn er sich dem Ziele nähert, auch dem müdesten Wanderer die letzten Schritte leicht fallen, ist dieses aber noch in weiter Ferne, werden die Beine schwerer und schwerer, und wähnt man sich gar nahe und erfährt, dass dies ein Irrtum ist, führt dies fast in der Regel zum Zusammenbruch von Körper und Geist, und man möchte sich am liebsten hinlegen und nicht mehr aufstehen.

Ganz so weit war er noch nicht. Er musste seinen Weg fortsetzen. Der Wegweiser begleitete ihn aus dem Ort, es schien ein Abkürzungsweg zu sein, der über die Felder ging, nahe am Waldrand. Mittlerweile war es dunkel geworden, die Schneeflocken wurden dichter, kaum sah er noch durch seine Brille, der Schnee gefror ihm im Bart zu harten Klumpen, sein Herz klopfte, ihm war zugleich warm von der Anstrengung und bitter kalt. Er hatte es aufgegeben, auf die Uhr zu sehen, und stolperte nur noch dahin. Im Kopf spürte er, der ein verarmter Poet war, wirre Zustände und literarische Phantasien, dachte an den Weg durchs Gebirge, den der arme Dichter Lenz in Büchners Novelle gegangen war, an den Schneespaziergang im Zauberberg, an eine Weihnachtsgeschichte, von Stifter wohl, in der sich Kinder im Schneetreiben verirrten. Nicht immer bot die Literatur Trost. Endlich sah er vor sich wieder fahle Lichter, es tauchten ein paar Hopfenstangen auf, und nun sah er auch hinter den Lichtern auf einer Erhebung ein großes schwach beleuchtetes Gebäude. Das konnten Burg und Stadt Abenberg sein. Er erreichte ein Marterl, weiß gestrichen, verrichtete ein Dankgebet, denn die Rettung war nahe, erreichte die ersten Häuser des Ortes und sah mit Schrecken, dass sein Wegweiser Nummer 7, der Pfeil zeigte es deutlich, wieder vom Ort hinweg führte, Richtung Wald.

Er fiel hernieder auf den mit feuchtem Schnee bedeckten Boden, er konnte einfach nicht mehr weiter. Vielleicht bot der Ort, wenn es schon nicht Abenberg war, dennoch eine Herberge oder jemanden, der ihm, wenn er seinen beklagenswerten Zustand sah, Hilfe schenkte, zumal wenn er sich als verirrter Pilger ausgeben würde.

Also beschloss er, seinem Wegweiser nicht mehr weiter zu folgen und ging in den Ort hinein. Da erst sah er ein Ortsschild, und darauf stand wirklich »Abenberg«, und zur Linken fand er sein Gasthaus, das zwar geschlossen hatte, aber für Hausgäste ein Türchen offen hielt. Ein warmes Bad erwartete ihn, und ohne noch einmal das Zimmer zu verlassen, fiel er ins Bett und fand bald einen tiefen Schlaf, der bis zum Morgen währte.

Beim Frühstück fragte er den Wirt, wie es denn sein könnte, das man ihm gesagt habe, er bräuchte nur eine halbe Stunde, er sei aber in Wirklichkeit zwei Stunden oder mehr unterwegs gewesen. Der Wirt sagte ihm, er sei nicht der erste Gast, dem es so gegangen sei. Der Wegweiser sehe zwar so aus, als führe er direkt nach Abenberg, er weise jedoch auf einen Rundweg im Bereich Abenberg hin, und der Pfeil bedeute nur die vorgeschlagene Richtung des Wegs. Er habe noch Glück gehabt, dass er in seinem Zustande nicht noch eine zweite Runde gegangen sei, was auch schon einigen passiert sei. Aber, sagte er ihm zum Trost: Du bist ja angekommen, du siehst: alle Wege führen nach Abenberg.

Eine wahre Geschichte, vielleicht sogar eine autobiographisch gefärbte Geschichte des Turmschreibers? Nun, jede Geschichte hat einen autobiographischen Kern. Auch ich wollte an einem trüben Tag den Weg von Dürrenmungenau über Ebersbach nach Abenberg, also entgegen dem Wegweiserpfeil, gehen und irrte noch kurz vor Einbruch der Dunkelheit im Wald herum, bis es mir, der ich glücklicherweise die Landkarte in etwa im Kopf hatte, seltsam vorkam, und ich den Weg verließ und sogleich nach Ebersbach und von da mit einiger Verspätung, als die Burg schon beleuchtet war, nach Abenberg gelangte.

Ich wusste nun, dass die blauen Schildchen stets einen Rundweg markierten. Auf Nachfrage erfuhr ich Weiteres: Es gibt solche Schildchen überall in der Gegend. Einige tragen die Aufschrift *Abenberg*, andere *Georgensgmünd*, andere *Büchenbach*, andere, an die dreißig gleich, die Aufschrift *Spalt/Rothsee*, und dazu jeweils eine Nummer und einen Pfeil. Es sei, so sagte man mir, dabei möglich, dass man, wie ich es am →Druidenstein bereits erfahren hatte, ohne den Weg zu verlassen vom Abenberger 2er-Weg zum Gmünder 10er-Weg gelangt, und es sei vor allem möglich, dass man an einer beliebigen Stelle auf den Rundweg gelange und diesen dann in die verkehrte Richtung gehe.

Das Ganze sei, so erfuhr ich, ein Projekt des Programms LEADER+, was aber nicht Führer meine, das sei in Deutschland ja nicht unbedingt angebracht, sondern ein Programm, das ländliche Regionen nach dem Motto *Bürger gestalten ihre Heimat* unterstütze. Also irgendwie von der EU gefördert. Es schien mir nun, als käme nicht nur die Förderung aus Brüssel, sondern es sei auch die Ausgestaltung der Irrwege vor Ort dort geplant worden. Die den blauen Wegzeichen zugehörigen Wege, vorbildlich dicht markiert, sicher mit großem Engagement und viel Liebe gepflegt, finden sich wieder auf Kartenblättern, die bei den Verkehrsämtern zu erhalten und die für etwas anderes, als auf eben diesen Wegen im Kreis herum zu wandeln, wenig tauglich sind. Sie bezeichnen zwar einerseits Höhenlinien, von Wegen oft kaum zu unterscheiden, die Art der Wege, ob es sich um einen Holzweg oder eine Straße handelt, ist aber oft nicht auszumachen. Zusätzliche Markierungspunkte fehlen, die Orte und Örtlichkeiten sind so beschriftet, dass sie oft nicht genau auszumachen sind. So ist etwa die Schrift *Druidenstein* irgendwo auf der Karte etwa einen Zentimeter lang angebracht, so dass sie fast einen Kilometer auf der Karte abdeckt, der genaue Standort ist aber nicht mit einem Punkt markiert.

Besonders schwierig aber, das erfuhr ich, als ich wenige Tage später mal dort wanderte, gestaltet sich das wegweisergeführte Gehen im Kartenbereich Spalt/Brombachsee. Oben auf den Tafeln steht jeweils *Brombachsee* und ein Pfeil. Dieser führt jedoch in statistisch gesehen genau der Hälfte der Fälle nicht auf direktem Wege zum See, sondern zurück nach Spalt. Schön und gut für Menschen, die mit ihrem Auto an einen Ausgangsunkt fahren und dann stur und entmündigt ihren Rundweg gehen, untauglich aber für selbstbestimmte Fußgänger, die von Ort zu Ort gehen wollen. Als solcher möchte ich beispielsweise wissen: Wo geht es nach Enderndorf? Was ist das nächste Dorf an meinem Weg? und nicht, dass ich auf Weg Nummer 18 gehe.

Das ist alles keine spezielle Angelegenheit des Landkreises Roth, wenngleich man hier besonders viel Mühe verwandt hat, sondern Markierungstäfelchen mit Nummern, schlimmer noch mit allerlei Zeichen wie Blättern,Vögeln und Käfer sind in Wanderregionen allgegenwärtig und überall irreführend, will man sie als Richtungswegweiser nutzen.

Dazu kommt eine eher philosophische Frage eines zumindest

zeitweiligen Romantikers. Mir kommen die Verse des romantischen Dichters Novalis aus dem Jahre 1800 in den Sinn, die so trefflich auf Wanderwegweiser zu passen scheinen, als habe er sie bereits gekannt: *»Wenn nicht mehr Zahlen und Figuren / sind Schlüssel aller Kreaturen«.* Warum nimmt man den Orten, und dazu zählen auch die Wege, ihre oft alten Namen? Wer etwa mit Lehrer Haag in den Abenberger oder Mäbenberger Wald geht, findet, geleitet von alten Grenzsteinen, einen *Bierweg*, einen *Waldofenweg* usw. sowie mehrere alte Flurbezeichnungen. So tragen auch die Waldweiher Namen und es gibt einen *Wolfsgrund.* Statt dessen: eine unnötige Verzifferung und Enthistorisierung. Und wenn man gar den Dörfern, auf die man zustrebt, ihre Namen nimmt und die Wege dahin durch Zahlen und Zeichen ersetzt, geht auch immer etwas Identitätstiftendes verloren, wie bei den dummen Straßenbenennungen A, B, C, D in den Abenberger Ortsteilen, wodurch, um nur ein Beispiel zu nennen, in Kleinabenberg der alte Ortsname *Luisenau* völlig verschwunden ist.

Man wird einwenden, die Leute wollen es so, sie wollen im Kreise gehen, wollen Zahlen, Buchstaben, Blättern oder Eichhörnchen nachwandern, am besten von einem Parkplatz aus und wieder dorthin zurück. Es stimmt: man hat mittlerweile viele Leute an derlei Rundwege gewöhnt, aber es gibt auch andere Fußgänger. Der Dichter Walter Werner (1922–1995) aus der thüringischen Rhön, ein Wanderlehrer für mich, hat in seinem Buch *Der Traum zu wandern* geschrieben:

»Ohne Sinn und Zweck zu wandern, behagte mir nicht, aber auch von vorgeschriebenen Zielwanderungen, dem Einlenken in Lehrpfade wollte ich nichts wissen. Nach Vorschriften zu wandern, weckte Unmut und ließ frühzeitig ermüden. Es schmälerte meine Lust, nachzudenken und selbst zu entdecken: Sichtbares und Unsichtbares, Gerüche, die keiner Abnutzung unterworfen waren. Sie kamen und gingen mit den Jahreszeiten: Gerüche der Blumen, der Erde, der Blätter, des Schnees. Die Geräusche als Schall des Donners, Wehen des Windes oder als Rauschen des Wassers.«

Aber solche Wanderer, wie er einer war und der eine oder andere heute noch ist, scheinen nicht in die Welt eines organisierten und geförderten Tourismus zu passen.

Übrigens: In Abenberg gibt es Wege, die führen wie von selbst hinaus. *Die Kirchleite*, die einem zum Friedhof leitet, die Wege, jeweils vorbei an Kapellen nach Ebersbach, nach Mäbenberg, auch (parallel zur Straße) nach Obersteinbach und der Weg vorbei an der Weißen Marter nach Dürrenmungenau. Solche Wege brauchen keine Wegweiser, der erfahrene Fußgänger kann sie erspüren, und auch, wenn er die Richtung nicht weiß, mag es allenfalls vorkommen, dass er in ein anderes Dorf gerät als beabsichtigt. Er wird dennoch nicht in die Irre gehen. Doch solche Wege sind selten geworden, verschüttet unter breiten Straßen zumeist.

Weiher

Weißt du wie viel Weiher liegen – in dem Grund von Abenberg? Am Listenbach und Küchelbach, in den anderen Bachgründen der Gemeinde. Und wie sie alle heißen? Vermutlich wissen es die Abenberger auch nicht, es sei denn, sie mussten ihre Namen mal als Strafaufgabe in der Schule lernen oder zum Gedächtnisjogging im Altenheim. Dennoch, der Stadtplan verzeichnet einige mit

Namen: den *Wiestaler Weiher*, den *Ziegelweiher*, den *Stollenweiher*, den *Klosterweiher*, den *Naturbadeweiher* und zeigt noch einige, denen kein Namen beigegeben ist. Liest man den *Bundschuh*, das nach seinem Verfasser benannte fränkische Ortslexikon von 1800, so werden für das gesamte Amt Abenberg elf herrschaftliche Weiher aufgeführt, die da heißen: *Götzenhafnerweyher*, *Stollweyher*, *Zieglweyher*, *Wiesenthalerweyher*, *Hochschlägl*, *Stadtweyher*, *Rohrweyher*, *Ranckenweyher*, *Neuweyher*, *Losenauerweyher* und *Satenweyher*. Haag nennt – die Namen wiederholen sich oder Weiher tragen mehrere Namen – den *Sadenweiher*, *Losenauweiher*, *Küchelbachweiher*, *Stadtweiher*, *Götzhafnerweiher*, *Nagelweiher*, *Deichtelweiher*, *Stollenweiher*, *Ziegelweiher*, *Wiestalweiher*, *Stadelweiher*, *Rankenweiher*. Dreizehn größere und an die zwanzig kleinere Weiher soll es in Abenberg geben.

Alle Weiher heißen aber auf jeden Fall *Weiher* und nicht Teiche. Sonst wären norddeutsche Gäste, wie mein Vorgänger Bernhard Lassahn, allzu sehr irritiert, wenn mit fränkisch gesprochenen »Deichen« mal Teiche, mal Teige und nur selten mal auch Deiche gemeint sind.

Über die Verwendung der Weiher liest man bei *Bundschuh*:

»Diese Weyher bilden sich durch Brunnenflüsse und beständige Quellen, und werden nicht nur allein zur Fischerey, sondern auch theils von Stadt- oder den Dorfsgemeinden zur Viehtränke, welcherwegen sämmtliche Hirten jährlich einen sogenannten Tränkfisch erhalten, theils zur Wässerung benutzt, auch thun sie bey entstehenden Feuersbrünsten in dem Städtchen um so bessere Dienste, als bey dem Mangel des Wassers manchmal selbst die Bräuer solches zum Biersieden aus diesen Weyhern hohlen müssen.«

Zumindest der *Klosterweiher*, der damals vielleicht noch einen anderen Namen trug, dürfte für die Fischzucht angelegt worden sein, denn Fische waren und sind für die Klöster unentbehrlich, sind sie doch Freitagskost und Fastenkost. Eine informative Tafel an einem Weiher in Klosternähe am Wanderweg *Wasser Erleben* informiert so auch uns Heutige über die damalige und gegenwärtige Fischzucht, und man findet auf einer Tafel die Überschrift »Die Aufgaben des

Mönchs«, worunter dann aber nicht die Benediktinerregel aufgeführt ist. Stattdessen lernt man, dass die Einlässe *Mönche* heißen, was zugleich bedeutet, dass es neben den Nonnen im Kloster auch einige Mönche hier ganz in ihrer Nähe gibt.

Und schließlich findet man dort auch den Hinweis auf einen Weiherbewohner, von dem ich zuvor noch nie was gehört hatte und dessen Namen recht verlockend in meinen Ohren klingt: das *Moderlieschen*, so schön, dass man froh ist, es nicht auf den Speisekarten zu finden.

Wirtshäuser

Wirtshäuser entstehen, sterben, wandeln sich je nach Besitzer, dessen Familienverhältnisse und manchmal auch dessen (allzu großen) Durst, und nach dem sich wandelnden Bedarf des Publikums. Der erste Turmschreiber hatte ein Stammlokal, das er mir auch empfohlen hat, allein es gibt es nicht mehr, und einigen anderen ging es seitdem ebenso. Noch vor nicht allzu langer Zeit gab es in Abenberg selbst zwölf Wirtshäuser (ohne Sportgaststätten), und zwar – nach einer Liste, die Franz Kornbacher mir übergeben hat – den *Schwarzen Adler* (heute Ruckriedel), das *Weiße Lamm* (heute Eisdiele), die *Krone* (heute Bücherdepot), das *Rothe Roß*, die Wirtschaft *Zum Hirschen* (heute Rockerbäck), die Wirtschaft *Zur Post*, den *Grünen Baum* (heute Wohnung), den *Goldenen Stern*, die Wirtschaft *Zur Burg* (heute Wohnung), das Gasthaus *Zum letzten Hieb* (heute Metzgerei Seefried), das *Grüne Tal* und schließlich *Zur Erholung* (heute Wohnung). Zugegebenermaßen etwas viel bei einer nicht allzu großen und nicht allzu wohlhabenden Bevölkerung.

In noch früheren Zeiten, als Handwerk und Gewerbe in der Stadt streng geregelt waren, hießen die Wirtshäuser in Abenberg *Tafernen* (entsprechend der fränkischen f-Aussprache des lateinischen v's). Viele waren Rechtswirtshäuser, d. h. sie hatten das Recht, auch Speisen zu verabreichen. Ein besonderes Geschäft verschaffte ihnen die Vorschrift, dass Familienfeiern, Taufen, Hochzeiten, die ›Leich‹ stets in einem Wirtshaus abgehalten werden mussten. Ebenso fand in den Tafernen das Gemeindegetränk statt, wo sich die Ratsherren in Anschluss an Stadtratssitzungen, Gerichtsitzungen und auch nach den gemeinsam besuchten Hinrichtungen zum Umtrunk trafen.

Goldene Zeiten für die Gastwirte im Gegensatz zu heute. Fernsehgewohnheiten (Ein Mensch verbringe durchschnittlich 12 Jahre seines Lebens vor dem Fernseher, lese ich heute in der Zeitung), Alkoholmengeneinschränkung für Autofahrer bei gleichzeitiger wachsender Abneigung gegen das Fußgehen, das Rauchverbot und auch die Gelegenheitsgastronomie bei Festen haben zum Wirtschaftssterben beigetragen. Man liest, dass immer mehr Gemeinden ohne eigenes Gasthaus sind, wobei Franken deutschlandweit noch am besten abschneidet und innerhalb Frankens Abenberg auch heute noch nicht so schlecht da steht. Einen Verlust an Dorfkultur bedeutet das Gasthaussterben, auch wenn nicht alles erfreulich war, was hinter Wirtshausmauern sich an Kultur abspielte.

Und wieder fragt man sich (und hat natürlich die verneinende Antwort bereits im Kopf): Warum gibt es nicht auch einen Denkmalschutz für traditionelle Unternehmen, speziell für Gaststätten, staatliche Hilfen zur Renovierung, wenn der bauliche Zustand eine solche erforderlich macht, statt zunehmende Belastung durch neue Sicherheitsvorschriften? Herr Heimatminister, werden Sie aktiv!

Doch was nützt andererseits das schönste Wirtshaus, wenn die Leute vor dem Fernseher sitzen, das schönste Geschäft, wenn die Leute in den Supermarkt am Rand der nächsten größeren Stadt fahren, weil Waren dort, wenn man die Fahrkosten vernachlässigt, billiger oder modischer sind.

Nachtrag: Leider kann ich über das Innenleben der Abenberger Wirtschaften keine endgültigen Urteile fällen, zu wenig habe auch ich sie aufgesucht, und in diesem Punkte konnte mir auch mein sonst schier allwissender Informant Franz Kornbacher nicht detailliert weiter helfen, er ist nun mal, wie er mir verriet, kein großer Wirtshausgänger.

Wolfram

Ob er oder ob er nicht leiblich einst in Abenberg weilte, soll uns nicht kümmern. Auf irgendwelche biographische Aussagen in dichterischen Werken ist eh kein Verlass, und Heimathistoriker schmücken sich bekanntermaßen sehr gerne mit Berühmtheiten. Gekannt und genannt hat Wolfram Abenberg jedenfalls. Seine Verse, im Kapitel über →Stilla zitiert, sprechen von einem Burganger, der nicht von Turnieren, den mittelalterlichen →Events zerstört worden ist.

Auch heute noch ist Wolfram auf der Burg anwesend als recht fotogene Figur, die vor einem Fenster sitzt und sich von Turmschreibern und anderen die Arme um die Schulter legen lässt, ohne auch nur mit der Wimper zu zucken. Auch als eine Hauptfigur in Gerd Scherms Turmschreiberbüchlein ist er präsent. Und jener echte Wolfram aus Eschenbach ist, ich gestehe es, ohnehin nicht unbedingt mein Fall. Sein *Parzival* zeigt, wenn ich mich recht erinnere, die Entwicklung vom tumben Tor zum Gralssucher. Mit ersterem könnte ich mich wohl anfreunden, wenngleich er auch eher grob als närrisch durch die Welt ging, doch den Gralssucher Parzival mag ich ebenso wenig wie andere Unbedingte, Kompromisslose, Wahrheitssucher. Ach, Parzival, wärst du doch ein Tor geblieben, nicht unbedingt ein tumber freilich, aber doch ein witziger. Dann könntest du mir vielleicht näher sein.

Zwei Nachworte

Abenberger Kräfte

In dem von Pfarrer Johann Sperber herausgegebenen Aufsatzbuch *Sankt Stilla und Abenberg* findet sich ein Aufsatz von →Friedrich Merkenschlager, der in etwa an dessen nur kurz wiedergegebene Äußerungen zum →Druidenstein anknüpft. Dort heißt es:

»(…) Der Burg von Abenberg kommt eine Symbolkraft zu, die kaum ihresgleichen hat. In ihrer Burgfreiheit entströmen die Gedanken aus schier unfassbaren Quellen. Kreuz und Gral, Wolfram und Tannhäuser, Parzival und Don Quichote, Hohenstaufen und Hohenzollern, Minneritter und Raubritter, Parzival und Faust, Druide und Christ, Visionen zwischen Trevrizent, dem Eremiten zwischen Druidismus und Christentum und Richard Wagner, an dessen Parzival sich die schneidendste Streitschrift des vorigen Jahrhunderts entzündet (Nietzsche). Ritterglanz und Stilla-Demut, Heiliges Land und Keuper-Franken, Morgenrot und Abendrot, Morgenburg und Abendburg, Glanz und Elend, versteinte Ur-Kiefern im Schloßhof der versteinten Burg – ob es überhaupt eine Burg gibt, die selbst so trostlos, anderen Trost zu geben vermag? Abenberg ist Abendtrost. Das Geschlecht der Abenberger hat es uns vorgelebt. Abenberg ist am schönsten am Abend. Denn die hohenstaufische Morgenröte kommt nicht mehr. Nur unter dem Zeichen des Kreuzes gibt Abenberg Atem. Die Burgfreiheit von Abenberg gibt uns Gedankenfreiheit. (…) Und so wollen wir auf der Abenberger Burgfreiheit Gestalt um Gestalt vorüberziehen lassen. Kreuzesdienst – Gralssehnsucht – Dichtersonne – Wolfram – Parzival – Trevrizent – Herzeloyde – Tannhäuser – Wartburgkrieg – und die heilige Stilla als Verkörperung der Demut zwischen Romanik und Gotik. (…)«

Der eine oder andere Leser wird staunend erschauern. Welch großer Text eines Mannes, der hier alles zusammengedacht hat (im Sinne von in eins gedacht)! Und sich als kleiner Wurm fühlen. Ein anderer wird sich sagen, welch ein Phantast, der sich so etwas zusammengedacht hat (im Sinne des fränkischen ›zammgedacht‹, also: zusammenphantasiert).

Bestehen hier wirkliche Zusammenhänge zwischen den genannten Personen und Erscheinungen oder ist das Ganze bloßes Wortgeklingel, Namedropping, wie man heute sagt, mit dem man mächtig Eindruck schinden kann? Nun Letzteres hat Merkenschlager gewiss nicht nötig gehabt. Er denkt sich wohl tatsächlich eine Einheit geistiger Kräfte, konzentriert um einen Ort. Dass diese sich weitgehend ›zufällig‹ um einen Ort scharen, will religiös-spirituell fundierten Denkern, wie er es war, nicht in den Sinn. Da fällt mir wieder unser erster Turmschreiber Reinhard Knodt ein, und, ohne dass ich absichtlich darauf hin gesteuert habe, schließt sich ein Kreis: Hat er nicht, wie im zweiten Abschnitt dieses Buches zitiert, eine ähnliche Reihung aufgeführt, etwas profaner vielleicht, aber nach ähnlichem Muster gestrickt, wenn er Stilla, Wolframs Worte, Goethes Frühstück, das Haus fränkischer Geschichte usw. zusammengefügt hat.

Auch da lässt einer was zusammenwachsen, was ursächlich nicht zusammen gehört: Geistige Erzeugnisse, Gedanken, materielle Derivate, die alle um einen Ort kreisen. Es stimmt durchaus: jeder der genannten Personen, Orte, Dinge hat ihre Geschichte, und die eine oder andere dieser Überlieferungen sind tatsächlich kausal-historisch miteinander verbunden. Jedoch ist diese Verbindung im Prinzip aufschlüsselbar, erforschbar, wenn man sich Mühe gibt und die Quellenlage es zulässt. Der Rest ist Zufall. Wie die Entstehung des Universums, des Lebens auf der Erde, unser individuelles Leben. – Oder: Wer den Gedanken nicht ertragen kann, dass alles Zufall sei, mag es ›Gottes Willen‹ nennen. Darauf könnte ich mich einstellen, das ist vielleicht nur ein anderes Prinzip, um das ein Gerüst von Erzählungen und Traditionen errichtet wurde. Nicht denken aber kann ich ein bloß behauptetes Zusammenwirken frei schwebender Geister, immaterieller Einflüsse, Feinstoffpartikel usw.

Ich lese im Aufsatz *Christliche Ortlosigkeit* von Arnold Angenendt über frühes mittelalterliches Denken, dass für die frühen Christen bis zum zweiten, dritten Jahrhundert die Religionsausübung zuerst nur an Personen gebunden sei.

»Wo zwei oder drei in meinem Namen versammelt sind, da bin ich mitten unter ihnen«, heißt es bei Matthäus. Die ursprüngliche christliche Religion ist ortlos im Gegensatz zu Riten vorchristlicher und anderer Gemeinschaften und auch des Alten Testaments. Erst durch die Verehrung der frühen Märtyrer, ihrer Gräber und Reliquien näherte sich die christliche Kirche an die Auffassung nichtchristlicher Religionen an. Es folgen als nunmehr besondere Orte die Kirchenbauten, die es vorher nicht gegeben hatte und die Verlegung der Gottesdienste in die Kirchen. Doch auch noch im gesamten Mittelalter gelte, so Angenendt, noch uneingeschränkt das Prinzip, dass nicht »der Ort den Menschen, sondern der Mensch den Ort« heilige, wie auch der Glaube an die Heimatlosigkeit des Menschen auf Erden. Die Verehrung eines Ortes, die angeblich von ihm ausgehende Kraft, wie es Merkenschlager – und vorsichtiger auch Knodt – behaupten, scheint das pure Gegenteil auszudrücken, ist weit näher an der Ortsheiligung vor- und nebenchristlicher Religionen und modischer Formen spirituellen Denkens, wie es uns auch bei der Betrachtung des Druidensteins begegnet ist.

Für mich ist Abenberg ein geschichtlicher Ort wie jeder Ort auf Erden. Ein Ort, der geschaffen und gestaltet wurde von Herren und Untertanen, dann zunehmend auch von seinen Bürgern selbst, mächtigen und ohnmächtigen, reichen und armen, klugen und weniger klugen, ein Ort, der geschaffen wurde von der Arbeit und den Gedanken der Bewohner, im Rahmen der gesetzten Ordnung, zuweilen vielleicht auch gegen diese. Die Namen der Gestalter finden sich in Protokollen, Kirchenbüchern, auf Grabsteinen. Die Herren Trevrizent und Parzival waren nicht dabei (oder ganz indirekt vielleicht, falls einer der Abenberger Wagner- oder Wolframkenner war und dies sein Handeln im Ort beeinflusst haben mag, in die eine oder andere Richtung, in Richtung Gralssucher oder Streicherbrunnen). Goethe war nicht dabei, allenfalls als zu vernachlässigende, in der Tat ›feinstoffliche‹ Größe in Form der in die Gemeindekasse Wassermungenaus fließenden Steuerabgabe auf 24 Kreuzer, und auch Druiden waren keine darunter, ein paar heimliche Gralssucher vielleicht schon. Stilla war sicherlich dabei als Kirchengründerin und als Vorbild, die so manche Abenbergerin beeinflusst haben mag. Aber lassen wir uns nicht beeindrucken von Merkenschlagers Aufzählung, knien wir uns nicht nieder vor der Versammlung der Geister, die er zusammengerufen hat, halten wir uns an die gestaltenden Kräfte der Natur und die gestaltenden Kräfte, die im Abenberger Alphabet genannt wurden: Landwirte, Hopfengärtner, Klöppler, Maurer, Handwerker und auch einige Menschen, die nicht genannt wurden. Sie alle, die da ein- und ausgegangen sind, haben Abenberg geschaffen. Real, nicht symbolisch. Ihnen möge das Buch gewidmet sein.

Abschied

In meiner vorletzten Abenberger Nacht war, so wollte es der Zufall, die Zeitumstellung von Sommer- auf Winterzeit. Endgültig Gelegenheit, sich vom Herbst zu verabschieden. Als ich zur gewohnten Zeit erwacht war und die Rollos herab gelassen hatte, sah ich den Himmel im Osten blutrot glühen, und vor der Röte zeichneten sich scharf die Kuppen der Zeugenberge hinter Neumarkt und Freystadt sowie die Jurakette dahinter ab. Ich verließ meine liebgewonnene Wohnung, ging die wenigen Schritte hinunter ins Tal, Richtung Kleinabenberg, während sich das Rot aufhellte und zugleich über den ganzen östlichen Himmel ausbreitete, ging dann in die andere Richtung hinauf zur Burg, auf den Anger und Burggarten, wo die reifen schmackhaften Kornelkirschen vor sich hin faulten, und sah nun den gesamten Osten leuchten, während gleichzeitig, klar wie nie zuvor, im Westen am sich aufhellenden Himmel übergroß der Vollmond auf seiner vorgezeichneten Bahn dahin wanderte. Zuerst lugte er hinter der Burg hervor, dann hinter den Hügeln um Ebersbach, und war dabei immer mindestens so groß wie die untergehende Sonne am Meer. Ein grandioses Himmelsschauspiel zum Abschied, ein ›Dialog zwischen Sonne und Mond‹, um die Sprache der modernen Gastronomen zu benutzen.

Ein Auto hatte ich dabei, all mein Gepäck zu transportieren, und mit ihm fuhr ich an diesem Sonntag los, dem Morgenlicht entgegen, bis hinein ins Oberpfälzische und dann hinter Freystadt, wo gerade hunderte von Autos vor der Wallfahrtskirche abgestellt waren, wieder hinein in den Landkreis Roth, kam in das ein wenig verfallene Eysölden, an den Stauf, nach Heideck und schließlich hinauf nach Schloßberg. Es ging mittlerweile auf Mittag zu, und vor mir breitete sich, als ich den Burghügel bestiegen hatte, die hügelige Jura- und Keuperlandschaft, weit ausgedehnter als ich sie je von meinem Turm aus gesehen hatte, aus: Im Osten die gesamte Jurakette vom Moritzberg, Dillberg bis hin zu allen Zeugenbergen, nach Norden hin die Stadt Nürnberg mit der Dreiheit von Funkturm, Burg und Versicherungshochhaus und, vor dem Burgberg, die Hochhäuser Erlangens und weiter im Westen die Alte Veste über Zirndorf – und nach ein paar Schritten zum nächsten Hügel – ganz im Westen der herausragende Hesselberg.

Die Sonne wärmte von vorne, ein mäßiger Wind kühlte zugleich den Rücken, und noch einmal fuhr ich hinüber nach Enderndorf am →Brombachsee, ein zweiter Abschied von dort sozusagen, und sah dann oben vom Berg hinab auf den Ort vor dem künstlichen See, der dort lag, als gehöre er tatsächlich dorthin, und ich fuhr weiter über Spalt und kam auf die Höhe bei Massendorf. Von dort sah ich hinab ins Tal und wieder hinauf nach Abenberg, zum Heidenberg dahinter und noch weiter hinten zu den bereits genannten Türmen von Nürnberg. Neue Blicke, bislang versäumte oder nicht mögliche, gar nicht weit von Abenberg entfernt. Zurück in der kleinen Stadt – ein paar Wolken waren mittlerweile aufgezogen – stieg ich ein letztes Mal hoch zum Schottenturm. Auch von hier ging der Rundblick weiter und ungetrübter als die ganzen Tage zuvor, doch viel zu bald war es dunkel, und ich wünschte mir, wie jedes Jahr zur Zeitumstellung, eine fortdauernde Sommerzeit.

Zum letzten Male sah ich dann von meinem Schlafraumfenster

aus die sonntäglich beleuchtete Burg, und im Lichtschein erkannte ich noch die gelbrote Stadtfahne, starr und steif wie meist, als sei sie aus Metall. Ich verzehrte die letzten Vorräte, die letzten Pilze, goss mir den Rest Rotwein aus dem mitgebrachten Weinschlauch.

Am Montagmorgen ging ich dann nochmals früh in die Stadt, die Luft war immer noch klar, auch wenn das Morgenrot nicht mehr so intensiv leuchtete wie am vorherigen Tag. Später wird man nochmals beim Rockerbäck im Freien sitzen, doch zum Frühstück bleibe ich noch im Café. Die Bäume draußen tragen gelbe Blätter, die den Stillabrunnen umrahmen und in dessen Wasser träge schwimmen. Ich gehe ins Rathaus zum Abschiedsbesuch bei Bürgermeister Bäuerlein, der die Wochen viel mit der Doppelwahl und einer Kroatienreise beschäftigt war, gebe den Burgschlüssel zurück und treffe mich zu einem letzten Gespräch mit Franz Kornbacher, dem Informanten und Sehhelfer, und ich wünschte mir, er möge noch so manchen Turmschreiber mit seinem Wissen begleiten können, was ja beides, die Wünsche für ihn und eine gute Gesundheit und für das Fortbestehen des Amts des Turmschreibers einschließt.

Nachtrag: Zwei Tage später, als ich wieder meine Sachen ins heimische Arbeitszimmer geräumt hatte, leuchtet immer noch die herbstliche Sonne, und ich fuhr ins Weinland nach Iphofen, trank am Marktplatz meinen Federweißen und aß Zwiebelkuchen und wusste, ich habe in den vier Wochen als Turmschreiber nichts versäumt, doch bin ich um vieles reicher geworden.

Anhang

Literaturhinweise

Angenendt, Arnold: Christliche Ortlosigkeit. In: Johannes Fried, Olaf. B. Rader (Hrsg.): *Die Welt des Mittelalters. Erinnerungsorte eines Jahrtausends*. München: C. H .Beck, 2011.

Appel / Brun (Hrsg.): *500 Jahre Kloster Marienburg. Beiträge zum Jubiläum der Gründung des Augustinerklosters*. Abenberg: 1988.

Berghofer, Gerd: *Friedrich Merkenschlager. Ein Wissenschaftler trotzt den Rassegedanken der Nazis*. Treuchtlingen: WEK-Verlag, 2010.

Bund Naturschutz, Kreisgruppe Roth (Hrsg.): *Mit offenen Augen. Ein Landkreisbuch für Heimat- und Naturfreunde*. Roth: Verlag des Landkreises Roth, 1997

Bundschuh. Geographischen Lexikon Franken 1799-1804.

Edler Glanz. Abenberger Spitzenschätze in Gold und Silber. Übach-Palenberg: 2013.

Fabri, Albrecht: Kann man Dichter besuchen? In: *Der schmutzige Daumen. Gesammelte Schriften*. Frankfurt/Main: Zweitausendeins, 2000.

Förderkreis Historische Burg Abenberg (Hrsg.):*Das Gästebuch der Familie Schott auf Burg Abenberg 1882-1913*. Abenberg: 2012.

Gasseleder, Klaus: *Der Turmschreiber von Sch*. Geldersheim: Vetter-Verlag, 2003.

Gasseleder, Klaus: Fränkische Gipfelblicke. In: *Frankenland*, Zeitschrift für fränkische Landeskunde, Heft 5 2003.

Gasseleder, Klaus: *Und ewig lächelt der Nachbar*. Schweinfurt: Verlag in der Disharmonie, 1993.

Gasseleder, Klaus: *Eichendli is die schönst Heimad för mich nou immä dä Wääch*. Volkach: frank & frei, 1993.

Gasseleder, Klaus: *Der Weg zurück. Ein Tagebuch*. Ebertshausen: Rudolph, 1996.

Großmann G. Ulrich: *Die Welt der Burgen. Geschichte, Architektur, Kultur*. München: C.H.Beck, 2013.

Haag, Christoph: *Unterrichtshilfen für das Schwabach-Rother Land. Heimatkunde als Fach und als Prinzip*. 1950-1965, 89 Folgen als CD.

Hebbel, Friedrich: *Tagebücher*. Leipzig: Reclam, o.J.

Heimatkundliche Streifzüge. Schriftenreihe des Landkreises Roth.
Heimatverein Abenberg (Hrsg.): *Vom Abenberger Land*. Heimatkundliche Hefte.
Hermann, Horst: *Lexikon der kuriosesten Reliquien. Vom Atem Jesu bis zum Zahn Mohammeds*. Berlin: Rütten & Loening, 2003.
Hetzelein, Georg: *Drei südfränkische Gestalten*. Schwabach.
Knodt, Reinhard: *Brief an den Turmschreiber*. Roth: Verlag des Landkreises Roth, 2008.
Konrad von Megenberg: *Das Buch der Natur*. Nachdruck. Verschiedene Ausgaben.
Kornbacher, Franz: *Vom Abenberger Land*. Band 5: *Neunzig Jahre Klöppelschule Abenberg*. 2003.
Kornbacher, Franz: Burg Abenberg. In: *Heimatkundliche Streifzüge*, Heft 3 1984.
Der Landkreis Roth. was war – was ist – was uns verbindet. Ein Heimatbuch des Landkreises. Roth: Verlag des Landkreises Roth.
Lassahn, Bernhard. *Turm der Lieder und Lügen*. Roth: Verlag des Landkreises Roth, 2012.
Marx, Florian: *Unsere Heimat ist im Himmel … und der Himmel beginnt in Abenberg. Betrachtungen in der Stillakirche*. Abenberg: Kloster Marienburg, 1989.
Marx, Florian, Kleblein, Willi: *Geistliche Wegweiser über Bildsäulen und Kapellen in Abenberg*.
Merkenschlager, Friedrich: *Sabina. Rogalla*. Zwei Novellen aus dem Fränkischen (Neuherausgabe). Georgensgmünd: 2004.
Merkenschlager, Friedrich: *Rassensonderung, Rassenmischung, Rassenwandlung*. Berlin: Hoffmann, 1932.
Merkenschlager, Friedrich: *Götter, Helden und Günther. Eine Abwehr der Güntherschen Rassenlehre*. Nürnberg: Spindler, 1927.
Merkenschlager, Friedrich / Schaller.K.: *Kaspar Hauser. Ein zeitloses Problem*. Nürnberg: Spindler, 1966.
Merkenschlager, Friedrich: Kreuz und Gral zu Abenberg. In: Sperber, Johann: *Sankt Stilla und Abenberg*. Abenberg: 1950.
Metternich, Wolfgang: *1200 Jahre Pilgerfahrt nach Santiago de Compostela*. Darmstadt: Wiss. Buchgesellschaft, 2012.
Reif, Irene: Stilla. *Heilige vor Nürnbergs Toren. Legende und belegte Geschichte der seligen Gräfin von Abenberg*. Bayerischer Rundfunk. Sendung vom 12.5.1985.
Rossmeissl, Rudolf: *Pilzbegegnungen. Ein Streifzug durch das Reich der Pilze*. Roth: Verlag des Landkreises Roth.
Rusam, Georg / Schnabel, Werner Wilhelm: *Österreichische Exulanten in Franken und Schwaben*. Neustadt/Aisch: Degener, 1989.

Scherm, Gerd: *Der Turm der geschwätzigen Vögel.* Roth: Verlag des Landkreises Roth, 2010.

Sperber, Johann: *Sankt Stilla und Abenberg.* Abenberg: 1950.

Unterburger, Robert. *Geschichtliche Spaziergänge zu den Orten des Landkreises Roth*, Band 1, *Von Abenberg bis Alfershausen.* Roth: Verlag des Landkreises Roth, 2009.

Unterburger, Robert: *Von Torabschneidern, Teufelsknöpfen und Solimännern. Sagen aus dem Landkreis Roth. Ein heimatkundliches Lesebuch.* Roth: Verlag des Landkreises Roth.

Werner, Walter: *Der Traum zu wandern.* Halle, Leipzig: Mitteldeutscher Verlag, 1979.

Über den Autor

Klaus Gasseleder wurde 1945 als Sohn eines österreichischen Vaters und einer fränkisch-österreichischen Mutter in Schweinfurt geboren, wo er heranwuchs und seine Schulzeit verbrachte. Er begann ein Studium der Germanistik und Geschichte im nahen Würzburg, das er in Freiburg i. Br. fortsetzte und abschloss. Von 1972–1991 arbeitete er als Studienrat, gegen Schluss auch als Museumsmitarbeiter, Kleinverleger und fränkischer Mundartautor in Bremen.

Von Sehnsucht nach fränkischen Hügeln, Essen und Sprache geplagt, sowie aus Einsicht in die fehlende Eignung zum Lehrerberuf hängte er diesen 1991 an den Nagel und kehrte nach Schweinfurt zurück. Dort schlug er sich mit schriftstellerischen und journalistischen Arbeiten, bei der Lokalzeitung und dem Bayerischen Rundfunk, sowie mit Ausstellungsführungen durch, verzog (sich) im Jahre 2000 nach Bamberg und 2002 nach Erlangen, wo er heute noch lebt. Eine kleine Pension aus der Lehrertätigkeit ermöglicht ihm seit 2008 auch wieder als Kleinverleger tätig zu sein.

Seine schriftstellerische Arbeit galt zunächst der fränkischen Mundartliteratur, den Lasten des Lehrerberufs, seiner Wandertätigkeit und – in immer neuen Ansätzen – Franken und der fränkischen Literatur. Hierzu verfasste er zahlreiche Rundfunkfeatures, den Essayband *Von Kuhschnappel zur Thebaischen Wüste*, den poetisch gefärbten Band *Fränkische Miniaturen*, die Rückert-Erzählung *Amaryllis*, den satirisch gefärbten Kurzroman *Der Turmschreiber von Sch.* Auch mit den beiden historisch-dokumentarischen Romanen *Wanderleben. Aus dem Leben eines Wanderarbeiters im mittleren Europa von 1886–1936* und *Zwei Gesichter. Aus der Chronik einer jüdischen Familie, eines fränkischen Dorfes und eines Weltbades in der ersten Hälfte des 20. Jahrhunderts* streifte er fränkische Geschichte, mit dem zusammen mit R. Aumaier verfassten Band *Rundes Leder, raue Zeiten* schrieb er Fußballgeschichte(n). In *Auf Dichters Rappen* wanderte er Dichtern und ihren Figuren nach und der Erzählband *Wie wird man ein berühmter Autor?* befasst sich mit Tücken des Liebens und Schreibens. Die seit 2009 erscheinende Bild-Text-Zeitschrift *Der Wildleser* glossiert und kommentiert aufgefundene Dummheiten und anregende Texte, eine Art Blog in Heftform. In letzter Zeit übt er sich – bislang ohne Veröffentlichungen – in komischer und experimenteller Literatur. Der Glaube, durch Literatur irgendwie in die Weltenläufe eingreifen zu können, ist ihm indessen abhanden gekommen.

Weitere Informationen: www.klaus-gasseleder.de

Danksagung

Gewidmet ist das Buch mit Dank: den Abenbergern, die mich freundlich aufgenommen und unterstützt haben, Franz Kornbacher als unersetzlichen Informanten, Liselotte Wirsing als zeitweise Begleiterin in Abenberg, Mithelferin bei der Abfassung und Fotografin des Autorenfotos auf dem Innenumschlag, Nora und Stefan für die Gastfreundschaft bei der Schreibklausur im Februar 2014, Eike W. Gellinek für das Foto auf S. 189, Orto Graf für die Rechtschreibkorrektur gemäß dem wunderbaren Motto von Bernhard Lassahn »Doch ohne Fehler würde uns was fehlen«, das über meinem Schreibtisch hängt.